国家社科基金重点项目
"一战西线战地环境与老兵记忆研究"（18ASS001）
阶段性成果

启真馆 出品

战争回忆录
1914—1915

［法］马克·布洛赫　著

考舸　译　贾珺　校

ZHEJIANG UNIVERSITY PRESS
浙江大学出版社

·杭州·

图书在版编目（CIP）数据

战争回忆录：1914—1915 /（法）马克·布洛赫著；
考舸译. 贾珺校. —杭州：浙江大学出版社，2023.1

ISBN 978-7-308-23249-4

Ⅰ.①战… Ⅱ.①马… ②考… ③贾… Ⅲ.①第一次
世界大战—史料 Ⅳ.① K143

中国版本图书馆CIP数据核字（2022）第213162号

战争回忆录：1914—1915

［法］马克·布洛赫 著 考舸 译 贾珺 校

责任编辑	伏健强
文字编辑	王 军
责任校对	黄梦瑶
装帧设计	蔡立国
出版发行	浙江大学出版社
	（杭州天目山路148号 邮政编码310007）
	（网址：http:// www.zjupress.com）
排 版	北京楠竹文化发展有限公司
印 刷	河北华商印刷有限公司
开 本	787mm×1092mm 1/32
印 张	4.125
字 数	66千
版 印 次	2023年1月第1版 2023年1月第1次印刷
书 号	ISBN 978-7-308-23249-4
定 价	49.00元

中文版导读

　　大家手中的这本书，是年鉴学派创始人之一、法国历史学家马克·布洛赫（Marc Bloch）的一战回忆录。得研究生考舸同学的翻译，"启真馆"诸位编辑的垂青，这一篇幅不长、主题厚重的小书，终于将要付梓。中文版导读将对选译缘起、内容特点和布洛赫的一战经历略作赘言。

一

　　布洛赫是一位杰出的历史学家，生前身后，《国王神迹》《法国农村史》《封建社会》《奇怪的战败》《历史学家的技艺》等著述为学界瞩目，总体史观直到今天仍有拥趸无数。布洛赫还是参加了两次世界大战的战士。人们熟知并且敬仰其在二战中的抗争与牺牲，但并不大清楚这位 58 岁时倒在盖世太保枪口下的老兵，在 28 岁时初上战场的经历。因此，翻译《战争回忆录：1914—1915》，并将其作为国家社科基金重点项目"一战西线战地环境与老兵记忆研究"（18ASS001）的中期成果，是在课题构想过程中就已确定的"必做题"。

这是一本怎样的书呢？我想有以下几方面是值得注意的，本书的价值也正源于此。

第一，这是一本法国陆军步兵中士的战争回忆录。有关一战的回忆录并不鲜见，尤以军政精英们的更为出名，如英国海军大臣和军需大臣温斯顿·丘吉尔（Winston Churchill）的《世界危机》，德军军需总监埃里希·鲁登道夫（Erich Ludendorff）的《我对 1914—1918 年战争的回忆》，法军总司令、政府军事顾问约瑟夫·霞飞（Joseph Joffre）的《霞飞元帅回忆录》，美国远征军司令约翰·潘兴（John Pershing）的《我在世界大战中的经历》……这些回忆录遵循着军事史书写传统，关注帝王将相如何运筹帷幄，解释战争何以爆发，详言战略制定和战役指挥的过程，分析战争对民族国家乃至世界格局的影响，但并未涉及前线与后方普罗大众的战时经历，也很难解释这场战争何以持续 4 年之久。相比之下，"长毛兵"（poilu）的战争记忆更为丰富多彩，提供了诸多具体的历史信息。

第二，这是一位专业历史学家书写的战争记忆。一战后，让·诺顿·克吕（Jean Norton Cru）对法军老兵回忆录进行了较早的搜集和整理，1929 年出版了《见证者》（*Témoins*），书中以真实性为基本要求，摘选了 252 名法军官兵的一战回忆录。1932 年，安德烈·杜卡斯（André Ducasse）出版了《战士们讲述的一战》（*La Guerre Racontée par les Combattants*），分类整理了 70 名前线作者的小说和文字。二战后，新史学尤其是新军事史在西方兴起，帝王将相之外普通人的历史及其历史记忆受到关注。1959 年，杜卡斯、雅克·梅耶和加布里埃尔·佩勒（Gabriel Perreux）合著的《1914—1918 年法国人的生与死》（*Vie et Mort des Français, 1914—1918*）出版。1966 年，雅克·梅耶结合个人经历、法国报刊、士兵小说及回忆录写成的《第一次世界大战时期士兵的日常生活（1914—1918）》（*La Vie Quotidienne des Soldats Pendant la Grande Guerre*）出版，一方面记录了老兵的战时生活，另一方面分析了老兵的心理状态，阐释了老兵生活与心理状态乃至与历史记忆之间的关系。布洛赫的《战争回忆录：1914—1915》于1969年出版，距其辞世已有25年。与上述老兵相比，布洛赫毕业于巴黎高师，一战前在中学讲授历史和地理；与上述老兵的记忆相比，这是由当事人亲自书写的个人经历，并且未经他人搜集整理或改编。因此，这一专业历史学家书写的战争记忆，有着不容忽视的史学价值。

第三，这是作者主动放弃继续书写的战争记忆。如题名所示，《战争回忆录：1914—1915》，只记载了布洛赫1914年8月初到1915年6月底的一战经历，甚至还不足一年。为何如此短暂？难道他的从军经历只有11个月？事实并非如此。布洛赫的退役时间是1919年3月13日，从其日记和书信等战时文件来看，并不缺少继续完成回忆录的材料。他并未明确解释为何只有短短几十页篇幅，但我们可以做出基本的判断——他主动放弃了一战回忆录的书写。因为在其后二十余年时间里，他出版了绝大部分代表作，尽管也有一部未写完的《历史学家的技艺》，但开篇的几句话凸显了出版意向——"'爸爸，告诉我，历史究竟有什么用。'几年前，一个小男孩靠在我身边，向他的历史学家父亲提出了这样一个问题。我希望在这本即将问世的书中做出回答。"盖世太保的子弹终止了布洛赫的史学理论构建，然而又是什么使其大战记忆停留在1915年的夏天呢？这恐怕需要进一步探讨。毕竟对于布洛赫史学思想的研究者来说，《历史学家的技艺》太过熟悉，而《战争回忆录：1914—1915》又稍显陌生。

总之，我们译介这本小书，是为了向这位史学家和爱国者致敬，请读者共同品鉴一战带给亲历者的喜怒哀乐，更为深刻地理解布洛赫及其所处的那个时代。

二

整体而言，书中的文字并非政府档案，但其史料价值并不因其出身"卑微"而有所减损，因为它们使军事史书写更加鲜活，民众的战争记忆更加全面。这里的"世界"不再是作战室中抽象的地图和沙盘，而是政区意义以及地理意义上的世界；这里的"战争"徜徉于理想与现实之间，中下层官兵与普通民众在战争中的境遇得到了极大重视。作者笔下的第一次世界大战，不是没有生命的兵棋游戏，官兵的伤亡也不是抽象冰冷的数字。细细读来，如怨如慕，如泣如诉。

这本书是鲜活的。鲜活来自作者的感官体验、记忆取舍与文字塑造，其中任何一环的缺失都会让全书逊色不少。布洛赫的战争记忆，首先来自他的视觉、听觉、嗅觉、味觉和触觉。比如开战之初巴黎的空寂，前往集结点时乘坐的运菜车中的气味，又如行军作战过程中阳光的温暖、雨夜的寒冷、干草的松软、土地的坚硬、堑壕的潮湿、不同特点的枪炮声，再如农妇送来的两杯热咖啡，使身患痢疾、整天滴水未沾的布洛赫有了怎样的快乐……这些看似零碎的内容，使我们感同身受，把我们带入战争的情境之中。

这本书是沉重的。沉重来自战争期间官兵所受的困苦，以及军民生命和财物的损失。布洛赫用大量篇幅描写了行军、驻营、战斗和休整的过程，向人们展示了前线官兵不仅要与敌周旋、正面厮杀，也不得不忍饥受冻、挖掘战壕、长途跋涉。在此过程中，疾病、降雨、泥泞和武器弹药一起威胁着官兵的健康和生命。布洛赫在书中提及的战友共29人，其中战死和死于疾病或事故的有11人，接近四成。普通民众在战争中的境遇，同样为布洛赫所关注。有些是直接描写，如跟随法军一同撤退的难民被迫离家、风餐露宿，家园则被火海吞没；有些是侧面描写，如法军两次杀死牧场的绵羊犒赏官兵，且在维埃纳堡赶走居民、过着"强盗的生活"，布洛赫自己也偷走了一个烛台和一本编于1830年前后的诗集。这从不同角度反映了普通民众在战争中的境遇和损失。

这本书是深刻的。深刻来自战争期间作者思想的变化，且与其史学思想的形成和发展有突出的联系。作者思想的最大变化，是在战争的洗礼下，知识分子对国家的认同具化为了对胜利的渴望，和对战友尤其是来自底层工农的普通士兵的认同。战争之初，布洛赫对屡屡收到撤退而非前进的命令懊恼不已，渴望与敌人短兵相接。随着战事进行，布洛赫见识了战争的残酷，经历了伤病的折磨，目睹了战友的亡故，并因在战斗中的勇敢和指挥才能被上尉称作"真正的长毛兵"。在后方养病期间，布洛赫对其战争经历进行了小结，认为那是充斥着野蛮和暴力的生活，也常常是丰富多彩的生活，更是千篇一律的单调与些许欢乐、些许悲伤调和后的生活。他尤其分析了群体心理，认为除却最为高尚或聪颖过人的士兵，极少有人会在冲锋陷阵时想到祖国，更多的情况是受个体荣誉感的驱使，并被群体的力量强化。因此他认为公开表达对少数懦弱者的深刻厌恶，是提高部队战斗力的好策略。

这本书可以提供怎样的历史信息，取决于我们审视它的角度。在军事史、新军事史和军事环境史的视野下，这本书都有着突出的史料价值。

从军事史的角度来看，这本书涉及军事动员、工程技术、后勤指挥、战争宣传等方面，提供了传统军事史有关战略、战役、战斗叙事之外更为具体和直观的内容。比如我们可以对战争初期法军的堑壕构筑技术及其发展有所了解：起初法军没有带刺铁丝网，堑壕是平直的，炮弹的杀伤力会被放大，堑壕之间也没有交通壕；几个月后法军已经装备了带刺铁丝网，堑壕开始变成锯齿状，一定程度上抵消了炮弹的杀伤力，各堑壕由诸多交通壕连接起来。又如战争之初法军后勤方面存在的问题：1914 年 9 月，布洛赫及其战友在奥齐森林缺吃少穿，忍受了极大痛苦。那时他们营养不良，且仍穿着出发时的军服，没有毛衣、毯子或雨衣。用布洛赫自己的话说，装备差得就像突然被丢进北方霜降时节的南方人那样。

从新军事史的角度来看，布洛赫笔下的诸多官兵形象为我们提供了当时前线的众生相。这些人在帝王将相的军事史著作中大多是抽象的数字，在这本书中则是一个个活生生的人。如用身体替布洛赫挡弹片的 G.，神枪手马东，头部中枪死去的 L.，使自己带领的半排士兵"都相处融洽"的中士 F.，臂膀强健、处乱不惊的投弹手 T., 朴素、勇敢、沉着、冷静的少尉 M., 活泼健谈、乐善好施、饭量巨大的 P., 开心果 D., 胆小鬼 H.、K.、V., 以及被布洛赫诅咒的"左侧邻人"等。他们的故乡、家境、性格和勇气或有不同, 但都是与布洛赫同处西线战场的前线官兵, 既有各自的具象, 也一起塑造出了共同的群像, 有助于丰富我们对前线官兵的认知。

从军事环境史①的角度来看, 这本书提供了大量反映人与环境之间关系的信息, 同时也为理解布洛赫一战记忆的形成提供了有力的支持。德国环境史家多萝西·布兰茨在《死亡的环境》一文中指出:"士兵的日记、书信和回忆录总是谈到他们所处的环境, 但几乎所有关于一战的研究都未考虑环境在堑壕战中的作用……军事史学者, 特别是新军事史学者虽然从战略、经济、技术、文化、社会和性别等维度剖析了

---

① 近年来, 军事环境史成为本身也很年轻的环境史大树的一枝新芽, 其早期研究集中探讨了美国内战、一战和越南战争, 对古代战争、二战和冷战等也略有涉及。环境史并非自然史, 亦非污染史或环保史, 而是要探讨历史进程中人与自然之间的互动关系, 审视人与自然相互作用、共同演进的结果和影响。因此, 作为环境史的一部分, 军事环境史的研究主题大体可归为两类:一是自然因素与人类军事活动间的相互影响, 二是这种相互影响体现出的人类社会的生产力发展和自然观变化。

一系列与战争相关的话题，但却极少从环境方面研究战争。"布洛赫的一战记忆，有大量对居住环境、作战环境和行军路线的描述，既体现了客观的物质条件，也反映了作者的自然观念。

在诸多文字中，布洛赫对林木的描写令人印象深刻，可以深深地感受到他当时的心境。在盛夏的高温中行军，路边稀稀落落的林木几乎提供不了任何阴凉，反倒十分妨碍官兵呼吸新鲜空气。在夏天天气不错的夜晚，没有哪里比森林更适合安睡，林木枝条映于天际，好似画布上的粗糙笔触，它们微不可察的芬芳悄然融入风里，徐徐清风不时抚摸熟睡者的脸庞。在夜晚撤退过程中，路旁丛生的林木呈现出鬼魅般的树影，它们与黑暗的天空遥相呼应。在寒冷的谷仓里，能在一堆枯树枝上舒展身体也就不算太糟的夜晚。在马恩河河谷，那里景致与香槟区悲凉、荒僻的高原景观迥异，林荫小路旁的杨树沿着路堤伸向远方。在弗洛伦特，参天大树枝叶变红泛黄，遮蔽着教堂前的空场，村落四周的草地长满了苹果树，果园外的森林比北部更为茂盛，布洛赫对这里印象极佳。拉格鲁里森林则有着独一无二的"危险气质"，即便是在森林最静谧的时刻，也会有子弹在林木之间呼啸而过，漫步其中之人每一步都将受到死亡的威胁。

林地对火炮威力的限制，克劳塞维茨早在《战争论》中就已明确提出。作为常识，布洛赫曾不止一次藏身森林中躲避敌人的炮击。这也不难让人想起一名德国士兵在堑壕期刊上发表的诗，表达了他对森林的感激和依赖："这片森林的命运 / 和我的命运 / 紧紧交织。它是我的同伴 / 也是我的保护者。森林啊 / 为我挡住子弹和弹片 / 而自己的心脏却被戳穿……这一天 / 充满悲伤与哀愁。破损的树冠上 / 滴下树汁闪着光芒 / 就像永不停止的哭泣与哀伤。"或许，布洛赫也曾有过类似的时刻和心境吧。

三

正如我们所见，布洛赫的一战回忆录截止于 1915 年 6 月底，并未完成标题为"1915 年 7 月 13 日，重返战场"这一节。不过布洛赫其后的一战经历，可以从剑桥大学出版社 1991 年出版的《马克·布洛赫的一生》中窥见一二。借由其传记作家、美国历史学者卡萝尔·芬克（Carole Fink）在书中的梳理，我们可将布洛赫的一战经历补充如下，聊补缺憾。读者可在阅毕全书后再返回来阅读以下内容。

1915年6月1日，布洛赫病愈后写下遗嘱。他对自己能为这项崇高的事业献出生命、做出牺牲表示高兴，对法国未来的胜利充满信心，并向家人和最亲密的朋友深情道别。他将自己所有的军饷、债券和将来的死亡抚恤金几乎都捐给了战争孤儿和母校巴黎高师校友会，以及致力于"建设更加公平和健康的社会"的组织，如互助组织、反酗酒组织等。他还要求把他的书和个人财产分给朋友和家人。最后，他要求举行一个"没有鲜花或花圈的纯粹的平民葬礼"。这一内容布洛赫在回忆录中未写，故而作为补编的开始。

1915年7月中旬，在猛烈的轰炸和毒气的支援下，德国皇储率领普鲁士和乌伊特滕贝格的两个师在整个阿尔贡前线发动了一次大规模进攻。7月13日，布洛赫第一次经历了毒气袭击，并因其在法军反攻时不畏艰险、危急时刻领导能力突出，获得了第一枚勋章。之后，布洛赫度过了一段安静的时光。他所在的部队在阿尔贡东南部的前线堑壕中轮流执行任务，有时也在一些被居民完全抛弃的村庄或是在森林里休息一段时间。

1915年9月23日至24日，布洛赫在他的日记中记录了霞飞发动的又一次大规模进攻。在1500门大炮的支援下，54个法国师和13个英国师在香槟区发动了进攻，战线长达90公里。在阿尔贡的部队被派去策应，直到10月13日才停止。然后森林又回归平静。双方都遵循着防御政策，间或被挖对方堑壕的战斗和短暂的相互炮击打断。

布洛赫所在的第72团在阿尔贡一直驻防到1916年7月底。该部是为数不多的未参加凡尔登战役的法国部队，但它在春天遭受了敌人的猛烈攻击。3月24日晚，布洛赫率领一支掷弹兵分队执行一项大胆的任务，以分散德军对法军堑壕的进攻。4月3日，布洛赫第二次受到嘉奖。他被评价为一名优秀的预备役军官，聪明、严肃、忠诚、有活力，在军事规则和创新方面知识丰富，"总是准备好前进，树立榜样"，"对部下拥有绝对的权威"，继而被提拔为少尉。

1916年7月底，第72团离开森林参加了霞飞指挥的索姆河战役。在作为预备队经过了两个月训练后，第72团占领了布沙韦讷的阵地。在那里，机智勇敢的、选择布洛赫从事情报工作的邦内特中校（lieutenant-colonel Bonnet）阵亡，几乎就倒在了布洛赫的身旁。

在战事最为血腥的1916年，布洛赫曾到巴黎休假四次。

这使他得以在战争条件下体验首都，观察轰炸的影响，并重新与父母取得联系。他的哥哥路易在战争的头 20 个月曾在前线当过医生，后来先后被调到位于贝桑松和普瓦捷的细菌实验室。

1916 年 12 月 14 日，第 72 团突然被派遣到北非。他们的任务是维持秩序，以及在当地招募新兵。对布洛赫而言，从寒冷阴郁的香槟区到温暖且充满阳光的北非驻留三个月，完全是一次意外的旅行。在阿尔及利亚，他利用自己的闲暇时间去探索菲利普维尔、比斯克拉、君士坦丁和阿尔及尔，之后还走访了突尼斯。

1917 年 3 月末，布洛赫返回了法国。

1917 年 5 月，第 72 团被安置在圣康丁市。

1917 年 6 月初，第 72 团又开始了战斗。他们向东南方向进军到达贵妇小径地区，占领了德军原本挟制诺永峡谷的一处高地。

1917 年 6 月 21 日至 7 月 2 日，布洛赫在塞尼昂洛努瓦参加了为争夺观察哨而展开的残酷战斗。尽管遭到两轮重炮轰击，承受敌军突击部队深入前线的猛烈进攻，堑壕和通信线路被炮弹摧毁，毒气弹释放大量毒气，第 72 团仍然守住了阵地。

夏末，静寂笼罩着贵妇小径地区。当时第 72 团驻扎在一个叫不来内（Braisne）的小村庄北边。布洛赫接到命令，通过抓捕俘虏来获取敌军兵力信息。9 月 7 日，他审问了一名来自德国不来梅（Bremen）的预备役中年老兵。后来，法国部队中很快就流传了一个关于德国人诡计的故事。不来梅与不来内的发音容易让人混淆，所以这个俘虏被通报为德国在战前安插在法国的间谍。为什么他们不顾地理和理性，"误听"了战俘的来源，把韦瑟河上的古城换成了小村庄呢？可以肯定的是，他们听错了；一个熟悉的地方代替了一个遥远的地方。但是布洛赫坚信这种误传不是偶然的，而是两个广泛而深刻的信念所导致的必然结果：一是德国人有能力实施各种诡计；二是法国受到了叛国者的威胁，这些叛国者造成了法国早期的所有失败，延长了战争。听者会混淆这两个地方，是因为他们无意识地倾向于按照"普遍接受的意见"歪曲所有的证词，这反映了当时恐惧和怀疑的集体意识。这件事后来被布洛赫写进了《历史学家的技艺》中。布洛赫已经对错误信息的产生和集体心理学着迷，他认为这场战争是一个实验室，可以用来研究新事物的传播，不同阶级、群体和国家带来的变化以及各自的不同，以及围绕着某些丰富多彩的主题的神话或传奇。他想知道谁会写《德国皇储的传奇一生》。

1917年9月16日，布洛赫写信给戴维（Davy），检讨了战争的后果。尽管有伤口、疾病且日子清苦，他的健康却出乎意料地恢复了。长年的战斗削弱了他集中思考的能力，他发现自己很难清晰地表达许多事情，只能代之以模糊和混乱的方式。他严厉地批判了职业军队的僵化、缺乏历史观和麻木不仁；他赞扬了普通士兵的勇气和耐心，并希望能向他们学习。

1917年11月初，为了支援贝当（Henri Philippe Pétain）进攻马勒美森堡，第72团重返战场。布洛赫在敌人的猛烈攻击下守住了观察壕，向指挥所提供了有价值的情报，为此他荣获了第三枚勋章。这次进攻，是一次精心策划的由坦克、突袭和军队协同作战的创新行动，取得了非凡的成功。法军向前推进了5.5公里，摧毁了德军要塞，缴获了18门大炮并俘虏了超过1.1万名德军，推进了贵妇小径一线的阵地，恢复了军队的士气和信心。

1918年对布洛赫而言既是充满新挑战的一年，也是不断反思的一年。他的档案记录了其工作，包括下达军事命令，和英国人联络，通信，电码，研究地形学和进行宣传，以及审讯法国逃兵。布洛赫充分认识到，这场战争具有革命性的后果，"这不是针对一个阶级的战争，而是针对全人类的战争"。

1918年伊始，布洛赫在香槟区期待着"另一次凡尔登"。当冰雪交加的冬天拖住德国人的时候，布洛赫致力于学术，写了一篇对德国重要的中世纪研究者格奥尔格·冯·贝洛（Georg von Below）的评论。布洛赫批评了贝洛的论战语调、粗心的年表、错误的定义和狭隘的历史视野，尤其谴责了贝洛鼓吹的"国家就是一切，人民无关紧要"的学说，认为国家意识先于公法和权力并构成了其道德与合法性基础。

1918年3月初，布洛赫在阿尔贡东部两次遭遇德军的毒气袭击。他曾在巴黎休假一个星期，目睹了贝尔莎大炮（Big Bertha）的危害。

1918年4月，布洛赫都在漫长而疲惫的行军中度过，其间德军大举进攻，攻至距亚眠不到13公里的地方。

1918年5月，布洛赫两次被派到亚眠，得以确认他在战争爆发前存放在亚眠图书馆的已完成的小论文（《补编》）在炮火中幸存。

1918 年 6 月，德军向埃纳省（Aisne）的法国前线发动大规模攻击。布洛赫及其部队在雷茨森林的东南方，经常受到远程大炮和飞机的攻击。6 月 12 日破晓，德军使用毒气削弱了法军的抵抗能力，对法军防线进行了猛烈的攻击，造成了重大伤亡，包括杀死了布洛赫的联络官。但是他们最终还是被阻止了。在法军的反击中，第 72 团夺回了前线阵地，俘获了大量俘虏，缴获了步枪和其他武器等。

1918 年 7 月 6 日，布洛赫在其 32 岁生日当天收到了第四枚勋章。他因在维莱科特雷附近的森林英勇防御保卫了巴黎被誉为"卓越的长官"。第 72 团在最近的战斗中损失惨重。

在美军的支持下，协约国军队有效地发动了进攻。布洛赫所部参加了对瓦勒蒙杜瓦地区的进攻。该地由德军机枪严密防守，法军用了五天时间才攻下。1918 年 8 月 2 日，德军开始撤退，一步步回到莱茵河。1918 年 8 月 18 日，布洛赫被提拔为上尉。

布洛赫在战争的最后阶段担任了一个小角色。第 72 团被铁路和卡车运输了近 300 公里到孚日，在那里和一个美国团联合起来，沿着默尔特河谷向西北方向转移到了相对平静稳定的区域。在到达南锡（Nancy）后，布洛赫得到了两周假期。

1918 年 10 月中旬，布洛赫所部在帕罗瓦森林执行侦察任务，抓住了一些战俘，缴获了一些武器，得到了一些有用的情报。

1918 年 10 月末，第 72 团乘卡车回到香槟区。

1918 年 11 月 5 日，第 72 团行军到香槟沙隆，然后向东转乘。在刺骨的寒冷和潮湿中，在偶尔的炮击和缺乏足够住宿地的条件下，布洛赫和他的士兵沿着其 1914 年曾走过的路向南行军，穿过满目疮痍、荒无人烟的地方。

1918 年 11 月 11 日，休战协议签署时，布洛赫和他的士兵到达距马恩河 9 公里的地方。布洛赫在团长米尼翁中校的电报上签了名，宣布结束敌对状态。三天后，布洛赫所部乘火车离开马恩省返回洛林，沿着摩泽尔河向上走到其源头孚日山脉，朝着阿尔萨斯行进。

1918 年 11 月 24 日，布洛赫所部跨过比桑（Bussang）边界，第一次进入祖先的土地，受到当地居民的热情接待。在胜利游行之后，团部设在了莱茵河畔的纽夫布里萨奇附近。在解放后的阿尔萨斯担任和平时期军事官员之前，布洛赫请了 20 天假，返回巴黎同家人重聚。

结语

我们从布洛赫的战争回忆录中可以看到，一战不仅有人与人之间的对立和搏杀，也有人与物之间的联系和冲突，战争不再只是"人类事务"。自然环境作为人类战争依托和破坏的对象，同样不可忽视。自然并不是完全被动和沉默的受害者，而是扮演着具有能动性的角色：有时它是人们的共同敌人（对双方造成障碍），有时又是共同的盟友（为双方提供资源），有时又是一方之敌、一方之友（既取决于自然自身的特征，也取决于各方军队所处的位置、解决问题的决心和能力），而这种敌友角色往往会瞬间转换。

自然环境在战争中既制约着人们的兵力部署和部队行进路线，也受到人们的主观利用、改造和破坏，还承受着人们作战行动的客观结果。据法国林业局的估算，法国在第一次世界大战中共有35万公顷森林被消耗或破坏，相当于其后60年的木材产量总和。比利时的森林也遭到大量砍伐，相当一部分被用于修建长达数百公里的堑壕体系。而堑壕体系在被掩埋数十年后，人们若从天空俯瞰，仍能依据土壤的不同颜色辨别出当初的脉络与走向。

　　西线战场堑壕体系的修筑，是前线与后方紧密联系的表现，后方提供的弹药实际上改变着战场的景观：机枪和火炮的巨大威力造成了惨重的伤亡，使进攻方往往要承担更为巨大的损失，于是战争在爆发后不久就进入了胶着状态，遍布弹坑的无人地带两侧，是驻守在各自堑壕中的官兵。他们掘地、伐木、驻守和战斗，改造了周边景观。

　　战地环境也在塑造着前线官兵的战争记忆。他们不仅暴露在敌军眼前，也暴露在自然环境中，其与自然环境的复杂联系产生了复杂的情感，也使其战争记忆不尽相同。军种的不同，使空军与陆军对堑壕的体验截然不同——前者高高飞过，后者驻扎其中；兵种的不同，使炮兵与步兵对堑壕的感情截然不同——前者试图摧毁，后者依赖庇护。官兵对挖掘堑壕的劳累程度的记忆，既与各自体力和分工有关，也与土质有关；官兵对堑壕泥泞程度与夜间寒冷程度的记忆，既与装备、体格和耐受力有关，也与径流和雨量有关；官兵对密集弹幕的恐惧程度，既与从军经历、个人胆识有关，也与驻扎地区的地貌有关——茂密的林木是步兵的天然庇护所，遍布的碎石是炮弹的威力倍增器。

　　正因如此，我们试图从一战西线战地环境入手，分析老兵经历及其与战争记忆之间的关系。事实上，布洛赫对此问题已经在其《历史学家的技艺》中有所总结。他强调，历史学家不能只考虑"人"。人的思想所赖以存在的环境自然是个有时间范围的范畴。历史中的时间是个具体鲜活且不可逆转的事实，它就是孕育历史现象的原生质，是理解这些现象的场域。人始终对物施加影响，同时物也影响人……科学之所以分解事实仅仅是为了更好地观察它们，这好比众多火炬交织起来，火光交相辉映，互为解释。我们需要再次提防自然科学与人文科学之间虚妄的几何平行线。从我的窗口望去，每个学者都可以发现自己的领域而不必太在意整体。物理学家会解释天空的蓝色，化学家会解释河水，植物学家会解释草类。至于重组我所看到并且打动我的风景，他们将这一任务留给了艺术，仿佛画家或诗人很想承担此任务。作为一个整体的风景仅仅存在于我的意识中，而具体的知识形态所运用并成功地证实了的科学方法，其本质是让思考者仅仅想认识他思考的对象。

军事是与军队和战争相关的事务，内容包罗万象，在时间和空间上都远远超过了战争和战场本身，且与资源、科技、经济、战略和教育等诸多领域有着复杂和紧密的联系。因此，研究军事史必然要求历史学者跨学科疆界，以更为开放的心态、更为宽广的视野去审视自己要研究的对象。在这个意义上说，《战争回忆录：1914—1915》是珍贵的史料，同时也是整个课题研究的起点。

贾珺谨识于英国巴斯

2020 年 4 月 26 日

目　录

第一部

1914—1915年，在战争爆发后的最初五个月，我有幸参与其中。然而此时此刻，我正因病撤往巴黎，等待自己从严重的伤寒中缓慢恢复过来。1915年1月5日，疾病迫使我离开了前线。因此，我打算利用这段疗养时光，趁着记忆仍旧鲜活，回忆也尚未褪色，写下我的战争经历。我不会把一切都记下来；有些事注定是要被遗忘的。但是，我不想忘却那惊心动魄的五个月，那些我刚刚撑过的时日。劫后余生的我体会到记忆的变化无常。在过去的五个月里，我的头脑总趋于做出一个不明智的选择——以大量平淡的细节和完整的场面增添记忆的负担——但我知道，所有这些记忆都是弥足珍贵且转瞬即逝的。虽然我并不擅长对记忆做出取舍，但我仍旧试图将它们更好地组织起来。

一

1914 年 8 月！我仍能在记忆中望见站在火车车厢过道里的自己。那辆行驶的列车正将我与哥哥从瑞士的沃韦（Vevey）带回法国。7 月 31 日，我们在沃韦得知了德国宣布进入战争状态[①]。站在列车上，我看着太阳从美丽多云的天空中升起。我低声悄语地重复着一些琐碎的词语，尽管它们似乎充斥着可怖的言外之意："看那曙光，1914 年的 8 月已经来临了。"我们刚刚到达巴黎里昂站，就从报纸上得知了让·饶勒斯（Jean Jaurès）遭遇暗杀的消息。我们既悲伤，也充满痛苦的疑虑。战争看上去是不可避免了。骚乱会打破战斗来临之前的宁静吗？如今，所有人都明白这些担忧是毫无根据的。饶勒斯去世了，但是他的浩然正气却仍然留存于世，正如法国社会党对世界各国做出的回应那样。

大战留给我最美好的回忆之一，是战争动员之初的巴黎

[①] 威廉二世（Wilhelm II）于当日下午（1914 年 7 月 31 日）宣布。8 月 1 日，德国发布动员令，并对法国的盟友俄国宣战。

1904 年时的让·饶勒斯（1859—1914）

一战初期的马克·布洛赫

景象。整座城市，在安宁中裹挟着几分庄严。交通流量的降低、公共汽车的停运和出租车的短缺，使街道几近沉寂。那份埋藏于我们内心的悲痛，只能在许多女人红肿的双眸中一窥究竟。拨开战争的阴霾，法军激发了国内的民主热潮。巴黎只剩下了那些"行将离去之人"——贵族，以及那些守在家里、将来会悉心照料兵卒而时下别无他责之人。在街道上、在商铺里以及在电车中，素昧平生之人在自由地攀谈着；一致的善意，尽管时常只能通过质朴或者有些笨拙的言语和手势表达出来，却是十分感人的。在大多数情况下，男人们都不会显得喧闹；他们是果决的，这种精神状态也是更好的。

8月4日清晨，我动身前往亚眠（Amiens）。[①] 我乘坐一辆由警员为我征用来的菜农货车，驶过了奥尔良大道与拉沙佩勒车站间漫长道路中的一段。因为我坐在货车后部，置身于一篮篮蔬菜中间，圆白菜和胡萝卜那种新鲜且带有些许酸味的气息，总能使我回到当日清晨赶路时的思绪里：热忱与紧张充斥着我的内心。在拉沙佩勒车站，当一位年迈且白发苍苍的父亲拥抱一名炮兵军官时，他虽然在极力地控制自己，

———————————

① 德国于8月3日对法国宣战，并入侵了比利时。

却依然老泪纵横。我眼中的亚眠，是一个极具活力的城市。尽如所期，一队队士兵在街道上走来走去；但我始终不懂他们之间为何充斥着如此之多的药剂师。

在 8 月 10 日凌晨 1 点 30 分，272 团离开了亚眠。我被指派为 272 团 18 连 4 排的中士。伴随着黑夜的寂静，我们行进在城郊道路上，并最终到达隆戈站。在那里，我们乘车度过了漫长且精疲力竭的旅程。整趟列车都笼罩在令人极度压抑的盛夏闷热中。我们在色当（Sedan）接到了法军攻占米卢斯（Mulhouse）的官方公报。在法军遭遇重大挫折的当下，一次胜利是值得一提且振奋人心的事情。当我把公报读给战士们听时，我们仍在火车上。随后，我们在色当站下车。

在 8 月 11 日至 21 日之间，我们团驻留在默兹河（Meuse）流域。我们最初待在河谷之中，并在那里守卫桥梁。后来我们抵达了靠近边界的默兹河右岸。诚然，我已经无法记清那段日子了。那是一段美丽的时光，充斥着军旅生活中的琐碎小事，平静里透着一丝乏味。阳光、田园生活的乐趣——在河中垂钓、游泳以及在草地上假寐——以及陌生乡村的景色，尽管并不多姿多彩，也没什么让人刻骨铭心之处，却仍有其魅力。如果这一切没有被我们的狂热期待浸染，那它们足以使人愉悦。

20日夜晚至21日清晨，18连4排驻扎在坎西村（Quincy）的民政会堂。坎西村是位于沃埃夫尔森林（Woëvre Forest）北部的一个村庄。午夜时分，一位总参谋部的长官来到我们睡觉的教室。排长被粗暴地叫醒后，踩上鞋子便去迎接"闯入者"的指令，他渴望接受陆军上校的指挥。一小时后，我们团动身离开，朝着前线的方向行进。蒙梅迪城堡（citadel of Montmédy）是座建于绿草茵茵的陡坡之上的古老城堡，我们在它脚下的旷野上，第一次听到了被军队称为"猛兽"的加农炮的炮声；次日休息时，我们第一次看到我方的榴霰弹在远方湛蓝的天空中，炸出白色环状烟雾。21日夜晚，我们在蒙梅迪附近的一个小村庄宿营，那个村庄叫作伊雷莱普雷什（Iré-les-Prés）；次日清晨，我们护送装载补给物资的火车离开。我们被提前告知即将进入比利时境内。我永远也忘不了战士们得知这一消息时的喜悦。后来，我们又在途中收到了与之相反的命令，然后又经过一次极其漫长且极度艰难的行军，整个连队抵达了沃洛讷（Velosnes），那是一个毗邻比利时边界的小村庄。4团的将士将驻扎于此，他们中的一些人刚从前线的战斗中回来。透过一处房屋的窗户，我们能看到三个

德国战俘。那个房屋位于洗衣房所在的小广场上。在寒冷的
谷仓里，我们挤在一起睡觉。对我而言，能够在一堆枯树枝
上舒展身体，这个夜晚并不算太糟糕。

23 日，我第一次在这场大战中看到伤员。我们连队受命
于托讷拉隆（Thonne-la-Long）一带挖掘堑壕。托讷拉隆和沃
洛讷一样，是毗邻比利时边界的村庄，当然更靠西一些。至
25 日清晨，就在这些我们占有的堑壕里，我在室外度过了最
初的两个夜晚。我在自己 8 月 23 日的日记中找到了下述内容：
"今天，我第一次察觉到了事态的严重性……许多伤员倒在路
边。我们能在路边（这条道路与我们守卫的堑壕垂直相交）
看见 87 团两个营的残兵。总之，这是一场大战之后的景象，
并且我相信这是一场大战胜利之后的景象。然而，我随即得
知德国人早在 21 日就已经占领了布鲁塞尔。"

25 日清晨，我们迅速撤退，我也意识到自己在上述引文
中表达的希望是不合时宜的。8 月 25 日，成为我有生以来记
忆中最痛苦的一天——这失望的感受，令人倍觉苦涩；这盛
夏的高温，令人快要窒息；由大炮和车队碾压过的道路，加
大了行军的困难；而我，前夜还染上了痢疾。这一切，是否
都使我永远不该忘记一个乡下妇人给我的两杯热咖啡？那天，

蒙梅迪城堡

一战之初法军使用的 1890C 型 120 毫米口径加农炮

我们刚好在昂莱瑞维尼（Han-les-Juvigny）附近的小村庄里休息。我不该遗忘此事最显而易见的原因是，我从早上开始就没有喝过任何东西了。只要我还活着，就再没有什么饮品能比那两杯浑浊的"汁液"让我更加快乐了。

我们在森林里过夜。在夏天，当天气不错的时候，没有哪里是比森林更好的露营地。换句话说，我认为没有比森林更适合安睡的地方了。休憩地上方的林木枝条映于天际，好似画布上的粗糙笔触，它们微不可察的芬芳悄然融入风里。徐徐清风，不时抚摸熟睡者的脸庞。我们睡在星空下。这种不受打扰的睡眠令我们呼吸顺畅，没有谁会惆怅地醒来，即便睡得不算太沉，这种睡眠带来的愉悦也是那些睡在屋里的人无法知道的。然而，当我们醉心于这些美好时，敌人悄然而至。

由于转移指令的延误，我们差点落入敌网。猛然清醒的我们，投入了一次急行军。在途中，我们看见人们正匆匆忙忙逃离家园。男人、女人、孩童、家具、成捆的亚麻布（以及通常情况下迥然各异的物品）都在车子上。这些法国农民都赶在敌军到来前离去。我们无法保护他们，这给我留下了苦涩的记忆，或许战争最令人抓狂的地方正在于此。在此后的撤退过程中，我们总会看见他们。可怜的难民与行李车一起拥堵在道路和乡村广场上。他们被迫离家，不辨方向且不知所措，又遭宪兵欺凌。他们制造了许多麻烦，却又惹人怜悯。26日夜晚，当我们睡在巴里科特（Baricourt）的马厩中时，他们则与自己的行李车一同睡在屋外，天空下着雨，妇人用双臂环抱着婴儿。次日清晨，我们在能控制默兹河左岸区域的一处高地上待命，看到烈火中的村庄浓烟滚滚，不断升起的烟雾与被弹片裹挟的天空融为一体。

这次撤退一直持续到9月5日。其间，我们在格朗普雷（Grandpré）山谷中休息了三日。我们曾先到泰尔讷（Ternes），继而抵达格朗普雷，之后又进行了长达四天的艰难行军。这给我带来一种模糊却痛苦的感受，好似患病那晚我所体会到的痛楚。全连士兵列队行进的道路总是尘土飞扬，盛夏的高温令人窒息，而在穿越那些树林时，稀稀落落的林木几乎提供不了任何阴凉，反倒十分妨碍我们呼吸新鲜空气。过早地起程、过晚地停歇、不舒适的营地环境以及单调乏味的日常生活，但这些痛苦与不断撤回国境线的心中苦闷相比，实在是微不足道。我们没在战斗，只在不停撤退。究竟发生了什么？我们一无所知。这种不明就里的状态，深深折磨着我。我能忍受坏消息，因为那总好过各种不确定性。而且也没什么比怀疑自己被欺骗更能触怒我的事情了。噢！撤退的日子、疲惫的日子、无聊的日子、焦虑的日子，是多么的苦闷！

9月6日，我们看到从一场激战中返回的首批伤员，这就是日后广为人知的马恩河战役。那时，我们正对着普莱西堡（Château du Plessis），停留于香槟区（Champagne）的奥尔孔特（Orconte）附近。一些殖民地军队的伤员从我们身旁经过，我们把一些饮品送给了他们。随后，我们被部署在堑壕后方的火线上。我们认为自己即将展开战斗。对于厌烦了无所事事的士兵而言，他们深感欣慰，同时严肃镇静。然而，这到底是一场空欢喜。7日早晨，我们行军至拉尔齐库尔（Larzicourt），那是一个位于马恩河右岸遍布白石的村子。那里的果园结满了令人垂涎欲滴的梅子。我们休整了三日，且只是在夜晚留宿在村中。白天，我们守卫着自己在村北麦田里挖掘的堑壕。天气和煦，地平线被我们前方的森林遮蔽。在我们左侧，维特里－勒弗朗索瓦（Vitry-le-François）这边，苍穹笼罩着整个乡村，我们能看到远方天空中的炮弹接二连三地炸裂。

路易·弗朗谢·德斯佩雷（1856—1942）

马恩河战役期间的指挥官。

9日夜晚，全排士兵在用干草搭的棚子里睡下之后，又被警报吵醒了。我们团随即汇入一支绵长的步兵队伍，开始了一次无休止的夜间行军。离开拉尔齐库尔后，我们渡过了马恩河。我相信，在必要的情况下，我们的堑壕会替我们在马恩河对岸断后。所以，它们会被敌军不惜一切代价地占领，并于一次全面溃败后被遗弃。难道我们没有在拉尔齐库尔读过霞飞将军"宁死不屈"的指令吗？但现在看来，一场大规模的退却似乎又开始了。在我们过桥之后，我们就接到了组织防御的命令。我们再次投入到长期沉闷的撤退行动中去。回望来时路，我们曾由比利时边界卢森堡（Luxembourg）行军至马恩河。我们曾无数次期盼撤退行动的结束：在默兹河，在格朗普雷，在所有我们曾经留宿的村庄中（哪怕只有一晚），最后在拉尔齐库尔的堑壕中。现在，我们又起程出发。我想我们丢掉了一切。要是我能早点知道这一切就好了！那晚，我悲伤地走在一条蜿蜒曲折的路上，路旁丛生的林木呈现出鬼魅般的树影，它们与黑暗的天空遥相呼应。我的心中燃起一团怒火，我感受着自己从未使用过的来福枪的重量，聆听着士兵半睡半醒间蹒跚步履的回响，我只能将自己视为那从未将鲜血洒向战场就耻辱败退的众人中的一员。但回到巴黎后，在总参谋部，这群人意识到或至少猜测到法军实际取得了胜利。然而在拉尔齐库尔，我们一无所知。在此次行军中，我忍受着漫长且痛苦的时光。

然而，尽管我们仍在无休止地绕路，但我发现我们已经不再朝西南方向行进了。我开始猜测我们或许不在撤退，而是在参与那些频繁发生的军事行动中的一个，只要我们到达战场。我的猜测是正确的。破晓时分，天空下起冰冷的大雨。尽管极度疲惫而且饥肠辘辘，但我们仍在行进。我们的士兵发现了一个德国佬的钢盔，于是我们便轮流试戴，希望能够打发无聊的时间。在一个交叉路口，我们遇见了一辆汽车。车上下来一位总参谋部的官员。他与我们上校交谈了几分钟，然后乘车迅速驶离。我们走下道路，穿过右侧茂密潮湿的草地，并攀登了一个陡坡。我们放弃了惯常的纵列队形，转而以排为单位，全排士兵按照站成四列的方式前进。这是军队在靠近火线、暴露于敌人火炮威胁之下时，军方规定采用的队形。在抵达山顶之前，全团停止了行进，我们受命跪倒在地。此时天空完全放亮了，空气清新，雨也停歇了。我们潮湿的斗篷着实沉重。我睡意全无。我们中尉前去接受上尉或是营长的指示，我记不清他何时回来说道："你们即将展开战

马恩河战役中法军发动冲锋

斗，即将展开你们渴望已久的战斗。"

我们重新开始行进，翻过山脊，步入山谷。谷地中延伸着一条道路。我们于道路边缘再次止步。在左侧，我们能看到农场中的建筑物，我想那就是大佩尔泰（Grand Perthes）。歇息了一会儿，或许过了一小时之久。士兵们十分镇定，脸色却略显苍白。我们的老上尉比以往任何时候都颤抖得厉害，他燃起烟斗，叨念着这可能是自己最后一次抽烟。一个中尉礼貌地反驳了他。我打开一个樱桃酱罐头，这是连队的自行车骑手前天夜里从诸多村落采集到并分发的。第一批大型炮弹呼啸而来，它们落在数百米外，散发出浓重的黑烟。附近的一头奶牛和一个人被炸死了。然后，我们再次向前挺进，穿过谷底的道路，爬上对面的山坡。此后，我想我们跨越了由 100 团驻守的堑壕区。

很可能只要我还活着，至少在我成为一位风烛残年的老人之前，我是不会忘记 1914 年 9 月 10 日的。尽管如此，我对当日的回忆仍无法做到完全准确。最重要的是，这些记忆并非顺畅衔接，亦非一组连续图像。它们虽生动鲜明，却像电影胶片那般不易编排，放映中时有断片，时有特定影像的意外翻转。那一天，在敌军重型火炮与机枪极端猛烈的火力攻击下，我们向前推进了几千米——保守估计有三四千米——进军从上午10点一直持续到傍晚6点。我们蒙受了巨大的损失。仅就我们连队而言，尽管我们不是损失最重的队伍，但也有三分之一的人员伤亡。如果我没记错的话，那段时间似乎不是很漫长；事实上，令人恐惧的时间一定过得相当快。犹记那天，我们行进至一片地表高低起伏的区域，最初还能望见丛生的树木，其后便只剩下裸露的大地。我记得在部队穿越树篱时，我严厉地盘问了一个止步不前的士兵。他回答称："我受伤了。"事实上，尽管他没有被炮弹击中，但确实被一枚炮弹的冲击波震伤了。他是第一个受伤的人。后来，他是我看到的第一具尸体。这位已经无法再服役于我们团的下士，此刻面部朝下僵硬地趴在一个矮坡上，行军锅在他倒地时被掀翻，他的四周散落着从锅中滚落的土豆。机枪子弹在穿过林木枝条时沙沙作响，似群蜂已至。炮弹引爆时的巨大声响撼天动地，还与其他爆炸声一起和鸣。尤其是榴霰弹，它在空中翻滚时轻微震颤，只有在下落的最后时刻戛然而止。那天我究竟聆听了多少首凶残的乐曲？我把头缩在肩膀里，等待着寂静的降临，抑或是致命的打击。

我在一个小树林的后面，与我们排的战士们走散了。但我之后又找到了他们。他们都面部朝下趴在黄土地上。上校在我们后方被一枚大型炮弹的冲击波扑倒，但他随后起身，毫发无伤地赶上队伍。我身旁的一个下士伤到了胳膊和膝盖。我和另一个排长开始包扎他的伤口，但我们很快双双负伤：同僚重伤大腿；而我轻伤右臂。子弹一经洞穿我的衣袖，就立刻礼貌地飞走了，仅仅灼伤了我的皮肤。由于痛感十分强烈，我最初以为自己遭受了重创，但很快意识到自己其实并无大碍。几乎同时，一阵恐慌突然向我们排的士兵袭来。就我所记得的情况而言，这次恐慌是由一些机枪手的马匹造成的。有人在搭建炮台时愚蠢地将枪支悬挂在那里，结果导致了本不该出现的走火。在如此这般的一通射击下，动物们受惊逃窜，慌乱的情绪在其余人中蔓延。脑海中仍能浮现自己狂奔时的景象，我直立着奔跑，试图摆脱那两匹虽不可名状，却令我记忆犹新的庞然大"马"。我还记得自己在叫喊："不要惊慌。最重要的是保持镇定，否则我们会被冲散。"后来，在中尉的指挥下，我们全部奔向右前方的山脊。另一排的战士已将那里攻下并驻扎于山脊后方。军需官 S. 先生也埋伏于此，他半坐半倚在山坡上。当我全速狂奔而来时，他令我跳入他面前的壕沟，我遵从了这个绝佳的建议。

我们在地下的壕沟中待了多久？多少分钟？或者多少小时？我无法确定。我们挤在一起，一个摞着一个。由于敌军猛烈进攻我们的右翼，这给我们带来一种错觉，即前方的山坡能给予我们绝佳的庇护。这里的许多人，非死即伤。有一段时间，总军士长趴在我右边，他身形魁梧，金发碧眼，性格直率，操着一口乡下话。他的手受伤了，鲜血浸透了包扎的碎布，染红了他的手指。他只是受了轻伤。后来，这个可怜人在当日晚些时候阵亡了。然而在他去世前，我们就已经失去了联系。我半压在左侧邻人的身体上。我想自己从未像憎恨他这样憎恨过任何人。在那天以前，我从未见过这个人；在那之后，再未见过；而且毫无疑问的是，就算我将来还能见到他，我也无法认出他。由于我压麻了他的双腿，他坚决要求我起身缓解他的症状，但这会使我暴露在死亡的威胁下，并且这种牺牲毫无意义。我仍庆幸自己拒绝了他的要求，而且我还希望这个以自我为中心的笨蛋将会一直遭受风湿病的折磨。在我前面，在 S. 先生旁边，我们连队的副官背靠山坡坐着；尽管他已将干粮袋顶在头上，以加强对自己的保护，但是每颗呼啸而过的炮弹仍使他震颤。伤者在哀嚎。他们中的某个人先是恳求上校帮助他，后是恳求上校杀死他。我想我是十分镇静的。我的好奇心极少抛弃我，现在它仍未消失。在我的记忆中，我首先注意到延时炸弹的赭色烟雾，有别于迫击炮弹的黑色烟雾。后来，我发现战争的丑陋面目，那些等待着死亡同时又惧怕着死亡的人们，他们的脸庞丧失了往日的美丽。我模糊忆起托尔斯泰的几页作品。

上校与其副官一起待在我的左边。他单膝跪地，试图张望山脊那边的情况。他面色苍白，似乎有些犹豫不决。最终，他下令前进。我们团中的几个人已经抢先冲上前去，我们不得不追赶他们的步伐。我说："这是命令。"但似乎使用"恳求"一词更确切些。"咱们走，兄弟们！咱们必须前进，咱们的战友在外面，在前方。他们在开枪射击。咱们不能让他们独自留在那里。军士们，带路！"对士兵们而言，离开这个庇护自己的山脊十分困难。我已经解释过为何这处山脊只能给予我们微不足道的保护，我们却错误感到自己比实际处境更安全。我们对这意料之外的避难所充满信心，尽管它是那样简陋，但我们内心却充斥着不愿离开此处冲进一片旷野的想法。这种不情愿是非常可以理解的。我记得自己在那会儿想得非常清楚："因为这是上校的命令，所以我们必须起身前进。但一切都将结束，祈祷已别无用处。我，将会被杀死。"

随后，我们起身向前。我喊道："18连，冲啊！"我们跑到一条小路上，那里的地面微微隆起。我们发现了一小队法军，随即停止了前进。透过缓坡上方参差不齐的野草向外看，我们能看到一片开阔的空地。显然，好视野能让我们标记出敌军的位置。长官命令我们开火。我受伤的胳膊太痛以至于无法操纵步枪，我仅仅能承担传达指令的任务。但无论如何，隔着如此遥远的距离，且在目标实难看清的情况下，战士们的射击无疑是低效的。我身旁的一些人受伤了，天色渐暗。我们祈祷夜幕的全面降临，因为这将终止战斗。德军的轰炸逐渐放慢速度。几乎同时，我们的枪炮开始加速射击。能听到法军而非德军的炮弹在耳边呼啸，而且目标直指德军，这是一件多么令人愉悦的事情啊！随着夜晚的来临，我冒险离开矮坡的庇护，走到一个下士身旁，他身负重伤躺在我身后几米远的地方。我无法为他做些什么。在夜色的掩护下，我命令他的两个兄弟将他运送到战地医院；但在到达那里以前，他们就不得不在路边放下了他。暮色深沉，我们团撤退至堤岸旁，那是我们上一次开始行军的地方。

我们就在那里过夜。子弹时不时地从耳边呼啸而过。我想在晚上 10 点左右，德军的机枪再次开始射击，但这对我们没有造成任何伤害。他们的枪声不久便归于寂静。我们极度饥饿。我有一瓶沙丁鱼罐头，打开吃了几口后，便将它分给了身旁的战友。那是一个寒冷的夜晚，在那之前我们从未体验过如此寒冷的夏季军事行动。伤员们要么在尖叫，要么在呻吟。许多人都想要点喝的。于是，我们组建了一支杂务队前去找水。尽管他们找了很久，但却始终一无所获。他们回来时引发了一阵恐慌，并且我怀疑还引发了一次射击。当天晚些时候，我们又遭遇了几次危机。我记得，自己起身前去命令那些三三两两汇集在一处的士兵们上好刺刀。当然，在经历了不眠之夜又经历了艰难一日之后，战士们对任何进攻的抵御能力只可能是极其微弱的。鲜血的气味弥漫在空中。尽管伴有尿骚味，耳边是哭喊声和呻吟声，内心还有阵阵恐惧，我还是在一处犁沟中伸展开身体，睡了几个小时。

在破晓前夕，我们接到返回后方的指令。我们行军抵达开战前露宿的山谷。指挥我们旅的上校骑马经过我们身旁。他向我们表示祝贺，并高呼："272团万岁！"他还告知我们德军撤退的消息。由于我们没有食物，他便命令接替负伤上尉担任连长一职的中尉宰杀一头牛和一只羊。它们来自四散游荡在我们身后山坡上的牛群和羊群，牧人早已不见了踪影。

这两个无辜的"受害者",被我们用左轮手枪打死。上午,我去了战地医院,因为一个伤员想要见我。我在那里看到了战友们的伤势和痛苦不堪的面庞。但他们没有哭喊,因为前一日在战场上,他们已经声嘶力竭地哭喊过。他们也很少呻吟,神情中更多流露着疲惫。

尽管经历了如此之多的苦痛场面,但9月11日清晨于我而言并不意味着悲伤。当然毋庸多言,我也不想开怀大笑。我是严肃的,但我严肃的态度之中并无忧愁。这种严肃十分契合一个满足的灵魂;并且我相信我的战友们也会有同感。我记得他们的面容,严肃却满足。满足于什么?我想首先满足于活着。当我注视着自己开裂的水壶、大衣上的三个弹孔(子弹并未伤及我),以及我虽感到疼痛、仔细查看却又完整无损的胳膊时,我暗自欣喜。在杀戮之后的几天,除却那些极为痛苦之人各自的悲伤,生活看起来是甜蜜的:让他人去谴责这以自我为中心的快乐吧!这种幸福尤为坚实地根植于所有通常只剩半条命的人们心中。但我们的好心情还有另一个更为高尚的缘由。那便是上校骑马经过时,以最简洁的话语,向我们宣布的胜利。胜利使我欢欣鼓舞。如果我认真思考一下,或许就能察觉一些疑点。德军在我们之前撤退,但我如何知道他们没有在别处前进？幸好，我的意识十分模糊。缺失的睡眠、费力地行军和战斗以及紧张的情绪，都使我的大脑疲惫不堪；虽然我对周围事物的感知仍然鲜活生动。我实在难以理解这场战斗。虽然这是我们在马恩河地区取得的胜利，但我宁愿从不知道这场战役的名字。可就算不知道又如何呢？这毕竟是属于我们的胜利。我们已将战役之初背负于自身的霉运一扫而光了。那天早晨，在香槟区干燥、破败的小山谷里，我的心愉悦地跳动着。

二

9月11日上午，我们统计了此次战役的损失——272团的上校、我所在的第5营的少校以及第18连的上尉无法履行职责，但还算幸运的是，上述三名军官只是受伤而已。第6营的营长承担起团长的职责。第5营的四个上尉里，有两人负伤、一人牺牲，还有一人安然无恙，他接替了营长的职务。由此一来，他们原本负责的四个连队，现在均由中尉们接管了，他们中的大多数都获得了上尉军衔，我们的中尉最早获得了晋升。

中午11点，我们再次出发。行军路线的方向与之前相比，向右偏移了一些。我们穿过战地一隅。在那里，一队队士兵正在聚拢剩余的伤员——其中既有法军也有德军，同时也在埋葬死者。许多死者仍躺在他们精疲力竭之后倒下的地方。他们的肌肉蜷缩起来，好似在做最后的挣扎。那些亡于大战的生命不会懂得永恒安息的含义。尸体的恶臭令人反胃。土地上散落着各种各样的残骸：武器、装备和尸块。我看到一条断裂的腿，孤零零地躺在与其躯体相去甚远的地方，恐怖之中竟带有几分荒谬。我们快速地通过了这个地方，最终把悲凉的景象留在了身后。

尽管这次行军路途并不远，但我们却感到十分艰难。我们迈动着像灌了铅的双腿，在香槟区幽暗的谷地中前行，但是心情还不错。我们紧追不舍。竹篮里装满了德军遗弃的备用弹药；我们途经的堑壕全都空空如也；很多马车和自行车的辐辘也被拆卸、丢弃在一旁，道路上的深深辙痕影响了我们前行的速度。一切迹象都表明，就算敌军没有溃败，他们也在撤退。我们在布拉西（Blacy）村的村口休息时，一些炮弹落在了邻近的山坡上，敌军再次用炮火引起我们的注意。后来，我们在附近的一个农场里过夜。全营士兵被安排住在一个谷仓中，这使我们不得不挤在一起，所有士兵都只能占据尽量少的空间。德军前夜同样居于此地。因为我们在散发着苦艾酒气息的干草堆下，发现了一些半空的酒瓶。

没过多久，我们就睡着了，疲软的四肢陷在臭烘烘的干草堆里。9月12日凌晨4点15分，我们披星戴月地开始了新一天的痛苦行军。事实上，我们正全力追赶德军。他们在路边取火用的木柴堆仍然温热。在短暂的休息时间里，我们搜寻了整个德军营地，并且出于消遣的目的，翻出了大量琐碎的东西。我记得我们在某处找到了一把小提琴，然后开怀大笑起来。那天上午，在美丽、湛蓝的天空下，我们穿越了马恩河谷。在看过香槟区那种悲凉、荒僻的高原景致后，我们更乐意见到此处的白色岩石和林荫小路。道路旁的杨树沿着路堤伸向远方。但就在这令人心旷神怡的地方，我们却在路旁的壕沟中发现了一个满身是血的骑兵和他同样沾满鲜血的战马。在马恩河右岸，我们再次回到了高原上，那宽广且起伏不定的大地，覆盖着与众不同的青草，还点缀着稀疏的林木。这些林木的存在打破了高原自身单调、绵长的视界。沿着白垩土道路，全旅士兵排成一列长队前行。阴霾的天空正在酝酿一场风暴。我们又热又渴。在一次长时间的休整中，

马恩河战役期间在林间休息的法军

我筋疲力尽地瘫倒在地。尽管如此艰难，我对那一天仍怀有愉快的记忆。因为我们在追击德军。

在一个交叉路口，我们遇见了一小群农民，他们是刚被德军释放的人质。天哪！这些可怜之人对此得感到多么快乐啊！后来到了晚上，我们离开主路，以战斗队形穿过左侧的田野。我们继续保持队形，直至抵达索姆耶夫尔（Somme-Yèvre）村。我们长官认为一支德国的骑兵部队仍然占据着索姆耶夫尔村。天空开始下雨，厚重的泥浆包裹住我们的靴子。士兵们喃喃抱怨。毋庸置疑，一场战斗能将他们的坏心情一扫而光，然而天不遂人愿。在行进到村镇郊区时，我们就获知了德军撤离的消息。显然，在下午2点前后，德军就离开了索姆耶夫尔村。我们不得不在黑暗中寻找临时住所。我们被分到一处废弃的房屋中居住，德军曾在我们之前占据过这里。像往常那样，我们能够辨认出他们的残留物。不过，我们排的士兵不必像其他战友那样，清理敌人的粪便。但是，在我们安顿下来以前，却不得不将德军拉扯出来堆满房间的亚麻织物重新塞回壁橱。我们需要食物，所以我们杀死了一些绵羊。每排士兵都分得了一只。出于某些说不清的缘由，我们4排士兵最终吃了两只绵羊。借由几盏灯具散发出来的微弱光亮，我们的厨师在餐桌上挥刀剐羊，这血腥的场面是我们野蛮盛宴的开场。然而，我饥饿的肠胃却似乎欣然接受这样的残暴场面。

接下来的一天，我们大部分时间里都待在索姆耶夫尔村。我阅读了一本名为《异端裁判所之奥秘》的庸俗小说，那本书是我在某个角落里找到的。各种部队接连不断地穿过村镇。某位骑兵上校向我们的士兵索要了一块面包。4点左右，我们团也开始行动了。我们在路边发现了德军的尸体。这次行军一直持续到了夜晚。我深感疲惫，而且双脚也很酸痛。士兵们已然筋疲力尽。我缓慢而沉重地前行，弯腰弓背，总之很不舒服，我只希望休憩时间能够尽快到来。这时，一匹逃逸的战马荒谬可笑地触发了全员警戒。所有人都以为是枪骑兵来了。我们的士兵全都迅速逃离道路。指挥我们排的少尉被推入壕沟之中，而我自己也被半拖半抬进了路边的田野里。由于事发太过突然，所有人都被这股不可抗力牵动着。我不得不拼尽全力聚集自己的士兵，并且命令他们装好刺刀。我与其让他们躲避这连我都不敢相信的危险，还不如让他们重建信心，并防止他们漫无目的的射击伤害到彼此。最终，停止射击的命令结束了开火。对于这个不幸的事件，我们之后也不愿再去回忆。午夜，我们抵达了埃利斯（Elise）村，并在该地就寝。

在接下来的三天（9月14日、15日及16日）里，我始终感到迷惘彷徨和郁郁寡欢。我们徘徊在圣默努尔德（Ste-Menehould）附近，始终没有走远。大多时候，我们驻扎在野外，守卫着火炮炮台或是仅仅等待着命令。我们很晚才会返回营地。通常而言，在一个谷仓中，只有一小截蜡烛被用于照明，因此我们不得不摸索着上床睡觉。天气十分恶劣，并且阴雨连绵。在长时间的休整中，我们用林木枝条笨拙地搭建起一些避雨棚。但是由于缺乏经验，我们搭的这些避雨棚只能带来微不足道的庇护。湿气浸透了我们的衣物。那条道路曾被四度踩踏过——第一次是在我们撤退的过程中，第二次是在德国佬进军的过程中，第三次是在德国佬撤退的过程中，第四次是在我们前突部队追击德国佬的过程中。但是除了更加泥泞之外，它似乎没有别的变化。我疲惫不堪，还有一点发烧。胜利的热情已经逐渐消退。我们不再前进。耳畔萦绕着炮火的轰鸣，它们常常响彻云天。我们原地不动，花费数个小时倾听枪炮声，我们对自身周围正在发生的事情一无所知，并且也希望不要知道。

9 月 16 日上午，阴雨连绵，我们在一个山洞里守卫着炮台。下午 3 点左右，全团士兵接到命令，前去支援驻守奥齐森林防线的法军。那片森林，鲜有参天大树，只有稀疏的灌木丛。它们覆盖着分流了埃纳河（Aisne）与图尔布河（Tourbe）的陆地的最高处，恰恰位于两条河流交汇点的南部。圣默努尔德与武济耶（Vouziers）之间的铁路穿过了那片森林，我们沿着铁轨前行。由于我的粗心大意，我遗忘了一些细节，但清楚记得在这次行军的最后，德军的枪炮瞄准了我们。我的脑海仍能浮现大家沿着路基疯狂奔逃，且因炮弹爆炸的巨响而跟跄跌倒的景象。然而，德军射击的准头很差，我们无一伤亡。

我对于初次驻守奥齐森林的回忆主要是气象方面的。我们连队被安排驻扎在森林中部的法军阵地，邻近一个平交道口。炮弹重重地砸下来，敌军试图将火力集中在铁路沿线。17 日，我们十分惊讶地看到一个陌生人出现在防线前。他似乎已经丧失了语言功能，手舞足蹈地表达着自己莫大的喜悦。他是为我们运送补给品的马车夫。但一枚迫击炮炮弹几乎从他正上方落下，炸死了六名正在进食的士兵。这个惊慌失措的可怜人抛开自己的马匹和货车，逃走了。幸好，陪伴他的军需官沉着冷静，并留下来看守我们的面包。否则，与我们一起戍守森林的殖民地军团，将毫无疑问地将我们洗劫一空。

我们中间也没有人遭受重创。尽管我们清楚炮弹的存在，但是我们仅能思考雨水的问题。阴云不知疲倦地向下倾泻着雨水，滂沱大雨反复冲击着低矮的灌木。黏土层将雨水存蓄于地表。溪流在我们的堑壕里汇聚，林间道路成了泥浆的湖泊，路边的壕沟则奔流翻腾着浅黄色的洪水。只要大雨稍稍停歇，我们便立即生火，烘烤大衣和靴子，并试图弄干它们。夜晚十分寒冷。我们告别了美丽的八月，告别了那些躺在星空下睡觉的怡人夜晚。秋天已经到来，同时带给我们初次霜冻的痛苦体验。我们用林木枝条笨拙地搭建了避雨棚，其凹凸不平和千疮百孔的棚顶，完全无法抵挡雨水的入侵。我记得自己被彻底冻醒的悲惨经历。也记得 17 日与 18 日之间的特殊夜晚，凭借我们超凡的运气，天空竟然完全放晴了。我与自己负责指挥的一班士兵监守轨道。天空异乎寻常的晴朗，北风徐徐吹拂。我不想穿着已被当日雨水浸透的大衣，于是将它平铺于地面。仅仅穿着夹克衫的我，又因为害怕着凉，而不敢躺在地上。我整晚都站着，感觉就像赤身裸体的自己被置于冰冷的浴缸中一样。

在接下来的几个月中，天气更为冷峭，与之相伴的湿气也更具穿透力。时至今日，我发觉自己仍难理解，我们为何会在奥齐森林经受如此之多的苦难？但是，有一个原因显而易见，那就是我们太过缺乏经验。在那时，我们营养不良，且补给品供应总是不尽如人意。但最重要的是，我们仍然穿着出发时的军服，没有毛衣、毯子或雨衣，我们装备差得就像突然被丢进北方霜降时节的南方人那样。

至 9 月 20 日晚，328 团接替了我们的戍守任务。于是，我们能在拉讷维尔奥蓬（La Neuville-au-Pont）过夜了。我在自己当天的日记中读到："住在谷仓里，是多么奢侈的享受！"

拉讷维尔奥蓬在 9 月 21 日至 10 月 1 日之间始终是我们的营地。因此，如下所述，我们经常返回那里。拉讷维尔是一个规模较大的市镇。在第二军团驻守阿尔贡（Argonne）期间，他们始终将自己的参谋部设立于此。拉讷维尔被埃纳河一分为二。城镇主体坐落于埃纳河右岸的陡坡上。与此同时，火车站则位于河岸左侧，建在一条林荫大道的尽头。我们经常出没那里。大道还延伸出一条极为陡峭、光滑且两侧长满蓬松灌木的小径，直抵河岸。只要我们获得洗澡的机会，我们就会从那儿通过。有几次在河中，我顺流而下。河中排布着一些木桩，河水有时极浅，有时却能没过边岸，而这取决于上游水闸的开关情况。

教堂位于主广场中央。它十分古老，基础构造可以追溯至典型的哥特式建筑时期。它的设计十分简单，没有耳堂。中殿被冠以两个朴实无华的尖顶，尖顶则被牢固竖立在两条廊道上。结实的飞扶壁给沉重的屋顶提供了外部支持。显然，当地的石匠舍弃了轻质建材，同时选择了更难建造的飞扶壁结构。肃穆、稳健或许还稍带几分臃肿，但那就是一个乡村教堂应该有的模样啊！此外，它还具有一些高贵的气质：其哥特式落落大方的西门、北门和南门，是文艺复兴时期建成的。这三扇门，华丽却又不过分张扬，它们因自身的精致和活力而充满魅力。我无法不带着情感去回忆拉讷维尔教堂。我从前线回来时，曾不止一次地前往此处参加悼念活动，这些活动都是为272团刚刚牺牲的将士们举行的。我的脑海仍能浮现当时的画面：朴素的教堂中殿、雪白色的拱顶、笨重的木质板凳、成排拥挤就座的士兵。我还记得自己近旁那些严肃的面孔，疲惫且透有一丝困倦，因为仪式的举行时间是在早晨，而大家则彻夜行军，刚从前线返回，急需休息。我始终相信记住那些死去的兄弟，是我们不可推卸的责任。但是我不明白这些宗教仪式对我意味着什么。

在 9 月 21 日至 10 月 1 日之间，我们开展了很多行动，但大多数都没有完成。我们通常睡在拉讷维尔奥蓬。只有两晚例外——9 月 24 日和 25 日，我们睡在靠近前线的穆利内（Moulinet）农场中。我们奉命挖掘储备堑壕，在火线后方驻守支援阵地，并且为将领们看守观察哨。偶尔，我们也会在拉讷维尔本地承担杂务。我们永远无法知道，自己明天会去做些什么。因为往往在夜半时分，我们才能接到指令。并且我们也永远无法在下午得知，当晚会住在哪里。我们总是很早出发、很晚收工，并且每次都是在天黑以后。我们不得不花很长时间等待晚餐，然后躺进干草堆里睡觉。这着实是一段令人身心俱疲，却又感觉毫无意义的经历。我们分别在 9 月 23 日和 26 日获得了休息的机会。我在自己 23 号的日记中写道："待在营房的休息日。"那天，在拉讷维尔奥蓬："阳光、除去厚厚泥浆的衣物（我们离开奥齐森林后，还未能有机会除去身上的污渍）、信件和一只兔子，都是沉闷枯燥中的乐趣。"

除了这些正式的休息日外，我们经常无所事事。我既读不到书籍，也读不到报纸；直至很久以后，拉讷维尔才开始售卖报纸。除却信件上的内容，我对其他战区正在发生的事情几乎一无所知。这种茫然无知的状态令我既烦闷，又担忧。但任何人不该由此推断，那些不断重复和几近空虚的日子留给我的只是糟糕的回忆。其实，我的心情取决于天气状况，随初秋气象的变化而改变，但通常情况下较为平静；取决于信件，收信时欢欣鼓舞，等信时焦躁不安；取决于肉体和精神对同一事物做出的神秘莫测的反应；还取决于过往时段留给我的印象：不知不觉且怡然自得地度过，还是缓慢煎熬且苦痛万分地度过。我记得一些愉悦的野外休憩时光。那时，青草和灌木已经开始变黄。阳光也已经不够温暖，背阴处略觉寒冷。我们燃起营火，风将烟雾吹送到我们周围。风中林木的气味十分怡人。然而，除了这段时光本质上的单调外，我们也并非总能免于危险。其间，我们有两次不幸的经历。

9月24日，全连士兵分头行动。先由一排士兵戍守后方的堑壕。我与另一排士兵，终日驻扎在小树林里，此地距我们宿营的穆利内农场极近。当日天气晴朗，躺在绿草如茵的山坡上伸展四肢，着实惬意。夜晚，当我们返回农场与全连士兵汇聚一处时，才得知一枚炮弹在另一排士兵即将离开堑壕之际，砸落过来，造成三人死亡；事实上，两人当场死亡，一人重伤。我们不敢相信居然有人幸存下来，但他也因伤势过重，当晚死亡。三人之中有我们的军士长，他两日前刚获晋升。夜幕降临后，我们在附近树林的边缘地带埋葬了他们。一些人在烛光的照耀下挖掘坟墓。我们排的士兵则站在一旁致哀。当遗体被下放到墓中时，营长念诵着数句祷告词。他告诉我们，这些刚刚被埋葬的战士，死得光荣，而相似的结局正在等待着我们所有人。

29 日下午，我们迎着充足的阳光，在山脊上挖掘堑壕。一架敌机飞来，并在我们上空盘旋。一架飞机为何如此重要？因为通过一副精准的双筒望远镜，德军就能监视我们在其防线前开凿的堑壕工事。由于此处地理位置的特殊性，我们本应只在夜晚进行挖掘工作。很快，在下午 3 点过后，一枚巨型炮弹在我们前方约 150 米的地方爆炸，随即产生了一大团黑色烟雾。几分钟后，第二枚炮弹呼啸而来。它直接砸向我们刚刚修好的一处堑壕，里面还有一些慌忙躲藏的士兵。在中尉的命令下，我们排的士兵井然有序地撤向山脊后方。与此同时，连队的其他士兵纷纷逃入右侧的森林。炮弹持续砸向我们刚刚逃离的地方，但时间间隔逐渐变长。那边仍留有我们的战友，是死是伤，我们不得而知。一位伤员前来与我们会合，但仍有一些士兵下落不明。

　　我与中尉就谁该回去查看情况的问题，争执不休。最后，他赢了，显然我有服从他命令的职责。然而，我对命令的服从程度没有达到本应达到的地步。在陪同我们排的士兵抵达山脚后，我便返回了灾难现场。中尉发现了两个躺在地上一动不动的士兵。他认为两人都已阵亡，便呼喊营队医官："此处有两人牺牲！"但其中一人立刻起身喊道："我没死！"他只是受伤了，虽然伤得十分严重。不幸的是，另一个人确实牺牲了——他是来自加来海峡（Pas-de-Calais）的矿工，同时也是四个孩子的父亲。中尉和我下山与我们排的士兵会合。一些工具和装备还留在我们尚未完工的堑壕旁。我们不得不派一些士兵取回它们。炮弹更为密集地砸落过来。敌军炮火的覆盖范围不断扩大，现已波及山脚下的道路，而我们正在那里避难。因此，我们被迫逃到小树林里躲避炮火。我们与连队走散，而想与他们重新取得联系又十分困难。但最终我们成功了，我们根据上尉的指令，得以找到大部队。忍受着令人烦闷的深沉暮色，在艰难的长途跋涉后，我们与全团士兵会合。272团仍由9月11日接替了上校的那名军官指挥。我不愿再回想起他，因为感到非常痛苦——当年11月，他于拉格鲁里（La Gruerie）带队冲锋时负伤，随后光荣牺牲。但不会有任何一个了解他的人，因我说他神志不清而感到震惊。尤其在那晚，他的行为愚蠢至极。他指控我们丢掉了阵地，并于道路右侧，当着全排士兵的面，公开指责我们的中尉。他品行不佳，令士兵们十分恼怒。这真是悲伤之日的悲伤结局。

在 10 月 1 日——学生开学的第一天——我们返回了奥齐森林。我们在一个晴朗的月夜步入林中，再次作为后备兵员。直至 4 日晚，我们在森林东侧的边缘地带，住进了一些狭小却防水的洞穴。我们平安无事地度过了前三日。然而，当羊毛内衣首次下发的时候，所有人都意识到我们不得不在冬季继续战斗。

10 月 5 日和 6 日，我们在拉讷维尔度过。我们排的半数士兵都被派去戍守通往公墓的道路，7 日清晨，他们被民兵组织替代。那是我们第一次看到这些老同志距离前线如此之近。我们在一次短促的行军后，抵达了弗洛伦特（Florent），并在那里待到 11 日。我对这次经历印象极佳。弗洛伦特是一个颇具魅力的地方，那里的参天大树，枝叶已变红泛黄，遮蔽着教堂前的空场。村落四周的草地长满了苹果树。果园外

一战之初，法军士兵穿着艳丽的旧式军服（蓝衣红裤）

的森林比北部更为茂盛。一个狭长的溪谷位于村落南部，谷中清泉灌入丛林底部的草甸中。每日清晨，我们都在那里洗漱。

在弗洛伦特，我们总是在夜间行动。白天，我们要么在谷仓中睡觉，要么忙于处理数以千计的营地琐事中的一两件，要么在村庄里慵懒地踱步。我在房屋中看到了由阿尔贡木料制成的充满田园气息的精致家具。夜晚，我们动身前往北部地区，穿越丛林，在一条通向拉普拉卡德尔（La Placardelle）的道路上，沿路旁空地的边缘地带挖掘堑壕。士兵们在工程士官的指挥下工作。作为一个步兵中士，我几乎无事可做，但我并不因此感到无聊。我沿路漫步，不时停歇。我或与一些战士闲聊，或发呆幻想，或与丛林和旷野之中闪烁的暗淡荧光嬉戏。我享受夜晚的平和与寂静，虽然这份平静时常会被左边的爆炸声或遥远的射击声打破。尽管如此，尽管不时有这些战斗的声响，眼下的一切总归是平静且充满乡土气息的。这令人回想起大战爆发之初，我们在默兹河畔度过的那晚。这种日子无法持续太久。11日夜晚，我们起身前往拉格鲁里森林地带的法军堑壕。

三

黄昏时分，我们离开弗洛伦特。当晚，我们在拉普拉卡
德尔的小村庄中过夜，住在一个巨大的、堆满了饲料的牲口
棚里。我发觉这里的犄角旮旯实在不可靠。拉普拉卡德尔就
是一个军火库。即便一枚最小的炮弹落在干草棚上，我们也
将会在大声呼喊之前就被活活烧死。在破晓之前，我们再次
上路了。迎着第一缕晨光，沿着拉普拉卡德尔高原北部边界
的陡坡向下走，我初次见到了拉哈拉泽（La Harazée）山谷。
在我们眼中，那里的景象是如此的熟悉和亲切。蜿蜒绵长的
草甸地带在山中延展，几乎都被树木覆盖着。在我们右方、
拉哈拉泽村的后面，有一个被灌木覆盖着的陡坡，那就是拉
格鲁里。我们休息了几个小时，随后踏上了那些崎岖湿滑且
令人战栗的道路。

我们接替了 128 团的将士们。我所在的连队驻扎在一条
马车道的两旁，这条道路径直通向敌军。其中一排士兵作为
后备力量，驻于同一条道路两侧靠后的位置。上尉与他们待
在一起。其他三排士兵徒步向前移动，我们那排位置靠右。
我们冒着敌军的炮火，抵达了指定地点，原本期望找到堑壕，

但令人非常失望的是，我们只找到了一些散兵坑，而且这些散兵坑彼此分离。它们太过窄小，以至于最多只能容纳两名士兵；它们又太过平浅，以至于无法庇护任何一个完全俯卧的士兵。我们前任部队的战士，已难用起泡的双手抓起铁锹。因此，我们尽可能地自行营造工事，并着手改善自身的处境。德军就在外面，他们距离此地很近，这一点是毋庸置疑的。他们被枝叶微黄却仍旧茂盛的灌木充分遮蔽着。

午后时光十分宁静。我在栖身的洞穴中伸展四肢，并阅读了一本小说。那本小说是一个士兵从拉讷维尔奥蓬的学校图书馆里偷来并借给我的。我已经遗忘了作者的姓名，同时也遗忘了书中的所有情节。恐怕那是一部苍白无趣的作品。夜幕降临，黑暗不断地吞噬着周遭的一切，这一定会在新兵心中燃起疑虑，因为他们初次驻于敌军近旁。尤其是当这些新兵和我们一样，也驻扎在森林中部的时候。茂密的灌木使四周更加黑暗。林中的夜晚并算不上沉寂：林木的枝条沙沙作响，被风吹落地面的枯叶窸窣发声，虫鸟振翅之音与走兽爬行之响间或和鸣，暗夜中的乐曲如此微弱，却又如此绵长。我们始终被这些声音打扰着。

我们担心自己不能及时听到德军行进的声音。如果我们理智一点，就能在平静之中等到黎明。现在，我才意识到那晚德军并不想进攻我们。事实上，德军没有离开他们的堑壕，他们只是偶尔例行其事地射击，更多的是在鼓舞士气，而非想要攻击我们。然而，我很遗憾地承认，我们的行为近乎疯狂。我们太过看重德军这些无害之举，从而猛烈回击。自然而然，德军也以同样的方式回应我们，尽管他们的回应显得虚弱无力且犹豫不决。我们再度开火，比以往任何一次都更为激烈。没人能瞄准。如果我们射中了谁，那他只能是于后方服役的非军事人员，他距离德军前线一定有数公里之远，因为我们把枪口抬得太高了。此外，敌人既没有我们训练有素，也没有我们谨小慎微。我们几乎整夜都在地狱般的喧嚣中度过：爆炸声、子弹的呼啸声和"开火"的命令声。这场嘈杂闹剧的唯一结局就是无法安眠。尽管建立轮岗制本应让我们轻松一些，因为那会给予我们每人数小时的休息时间。月亮在午夜时分出现，月光令我们能够看清近旁的灌木，并使我们稍微安心，同时带来了某种程度上的安宁。然而，直至破晓时刻，我们才停止浪费弹药。这就是我们在堑壕中度过的第一晚，而我也不该把那晚当作一个范例。上尉给我们捎来口信，以后不要过度地消耗子弹。

在接下来的一天，即 10 月 13 日，作为后备力量的那排士兵前来接替我们。我们则担负起他们的任务，直至次日。我们待在由树枝临时搭建的小屋中，这些小屋建于道路旁的空地上。我们把一些泥土糊在屋顶和墙上，并把脚下的大地刨开，给我们着实简陋的庇护所营造最好的环境。是什么始终给予拉格鲁里森林独一无二的"危险气质"，即便是在森林最静谧的时刻？是那些零零落落的枪声。这些枪声通常由德军发出，偶尔也由法军发出。子弹在林木之间呼啸而过，漫步其中之人每一步都将受到死亡的威胁。很快，这种音乐变得太过熟悉，以至于我们不再注意它们。日落后的数小时，是一天当中最危险的时刻。那时，在林中某处总会发生战斗，也总免不了枪林弹雨的场面。13 日晚间，我们宿营的空地完全暴露在外。我与本排的另一名中士 F. 共享一间小屋，我们紧挨彼此平躺在屋内。我听见子弹穿梭于我们上方的声响，它们轻而易举地洞穿了小屋的薄壁。

至 14 日中午，我们回到了前线。这一回，我们位于队伍的左侧，并且在 20 日最终离开林地前，一直坚守在那里。其他士兵本来应该更早一点就来接替我们。正如我们所看到的，林地环境使任何部队的调动都不可能在两天之内完成。全排的兵力部署如下：本排的半数士兵（15 班和 16 班）作为全队的右翼，看守在道路近旁的一挺机枪；在道路后方数米有一个掩体，排长与一名少尉待在里面；本排的另外半数士兵作为全队的左翼，由我指挥，驻扎在一处向下连通圣于贝尔（St-Hubert）峡谷的斜坡上——那里有两个堑壕，其中 13 班驻扎在右边的堑壕里，我与 14 班一起驻扎在左边的堑壕里。13 班所驻堑壕与本排右翼部队之间，以及我们的堑壕与 13 班所驻堑壕之间，均隔有 30 至 40 米宽的未设防区域。几乎隔着相同的距离，20 连的士兵驻扎在我左手边的堑壕中。堑壕与堑壕之间没有交通壕连接。因此，无论是传递长官命令或军事报告，还是运送弹药或补给品，我们都必须爬上地面，暴露在敌人的视线之中，或是在敌军的枪口之下。

德军离我们极近，大约只有 50 米的距离。而且，我们发现堑壕的内部环境是非常糟糕的！坑道是一种形似窄沟的掩体，上端与地面齐平，水平延展，内部没有抵御弹片的屏障，因此在坑道一端爆炸的炸弹，其弹片非常容易飞到坑道的另一端。此外，这些坑道太过低矮，以至于我们为了自身安全，即便是在最好的情况下，也必须采取蹲伏的姿势。至于我们所在的左侧战区，前任部队几乎没有进行什么挖掘工作，因此我们不得不立即放弃使用现有掩体的希望。伴随我们挖掘工作的进展，我们打算朝敌军方向逐步推进。我们花费了很大力气，尤其在最初几天，以使自己的掩体更为舒适和安全。但由于我们没有任何手持工具以外的工具，所以我们不能很好地完成营建工作。而且，随着敌人的逼近和劳力的缺乏，我们不再试图建设任何大型工事。

一天，我接到命令，长官让我到身后的丛林里搭建一处庇护所。我前去选址，并带领两名士兵与我一同展开工作。在他们开始干活后不久，一枚榴霰弹便于我们身旁的林木间爆炸了。这或许是一个意外，我拒绝让两名士兵停止营建工作。几分钟后，第二枚榴霰弹爆炸，弹片向我们散射而来。很明显，我们被敌军发现了。继续干活只可能让我们做出无谓的牺牲。我们返回了驻地。几天后，我再次前往营建地点。不知我们当时已经离去的德军，对该地进行了持续轰炸，由此在灌木丛中清出了一处空地。

为了在前方保护堑壕，并在敌我双方的堑壕之间设置屏障，我们拉起了铁丝网。我们还没有美国那种带倒刺的铁丝，仅有一种平直且光滑的铁丝，就像我们在农村悬挂门铃和在墙上系挂葡萄藤的那种。我派两名士兵前去铺设铁丝网。此项任务伴随着危险，而且两名士兵都不愿承担这项任务。但后来，他们显然以此为荣，并十分愿意提起此事。无论如何，他们尽力做到了最好。我荷枪实弹地陪在他们身旁，如果碰巧看见藏于林中某处的德军，我就会立刻射击。我还记得我们在铁丝上悬挂了一些空罐头盒，我把这串空罐头盒置于堑壕前方的空地上，希望任何靠近我们的敌人，在碰到它们的时候，都会被响声出卖行踪。然而到了后来，这些破空罐头盒给我们制造了多少不必要的麻烦啊！风或是近旁树木落下的一根树枝，都会使这些空罐头盒一而再再而三地哗啦作响，然后我们总会握紧步枪，惊呼："敌人来了！"

堑壕中前三天的生活，是相当平静和单调的。清晨，在日出后不久，我便前去向中尉汇报情况，此后我又被指派监督物资的分配。我们过着不合常理的悠闲时光。一天上午，我和 F. 中士徘徊在堑壕之外的路边，讨论一件棘手的事情：我们收到了定额外的半份军粮，它们应该被配发到两排士兵中谁的手上？我想，一定是在某些时刻，我们抬高了自己的嗓门。不管怎样，德军突然向我们这边开枪射击。我们逃向了各自的堑壕。我的手紧紧地抓着面包，始终没有松开。

相比于白天，夜晚留给我的记忆更为鲜活。我们更好地适应了战场环境。现在，我极少下令射击。尽管如此，但我几乎没有时间睡觉。我花很长时间侧耳倾听森林里的声响。堑壕中总有一个值夜站岗的士兵，我命他向我汇报哪怕极微小的异常情况。当他值夜的地点不在我近旁时，他想汇报给我的信息，就必须以口口相传的方式小声传到我耳边。如果哨兵稍有紧张，那我就会收到十分古怪的信息。比如一些信息精确到不可思议的地步，"中士，敌军距我们还有 12 米"，而事实却是敌人没有从自己的掩体中挪动半步。另一方面，一些信息模糊到令人崩溃的地步，"中士，我听到了一些动静"。而当我追问什么动静和在哪里的时候，我却得不到任何回应。

夜晚一片漆黑。我们的眼睛派不上任何用场。为避免任何突发情况，我们只能依靠自己的耳朵。我学会了分辨夜晚的多种声响：雨水降落在植物叶片上的滴答声，像极了来自远方的脚步声；枯叶打落在地表枯枝落叶层上的金属似的刮擦声，总让我们的士兵误以为是德军步枪的上膛声。当我思考这份奇怪的工作时，我无法忍住笑意。我惊讶地意识到自己竟能与詹姆斯·费尼莫尔·库柏（James Fenimore Cooper）笔下的英雄人物比肩，比如那些狡猾的莫西干人和敏捷的猎鹿人，他们都曾是我儿时的偶像。

事情发生在 10 月 17 日。我已经提到我们左边是一道由 20 连部分士兵驻守的堑壕。我曾去那儿拜访，以便与那里的法军建立联系。他们堑壕的内部环境着实糟糕，深度不够且宽度过宽。戍守那里的士兵错在没有及时修补堑壕工事，并提升那里的安全状况。由于他们频繁遭到火炮、步枪和迫击炮的攻击，他们最终于 19 日上午放弃了那块阵地。当一些惊慌失措的士兵冲入我们的堑壕并哭喊着"我们在这里！我们在这里"时，我意识到一些严重的事情发生了。我很难理解他们想要什么。显然，他们是 20 连的后备兵员。他们被派来增援他们的战友，却在森林里迷失了方向。他们径直冲入了自己看见的第一道堑壕。我随即独自带他们前往正确的地方。

之后，我们的后备兵员也来了。那时，他们是由马东（Mathon）副官指挥的 3 排士兵。他们占据了我们左侧的阵地，以散兵线战术部署。我们担心德军利用 20 连的撤退，试图突破我们的防线。因此，我们不得不防止德军从我们的侧翼包抄。我帮助马东部署兵员。作为全团神枪手之一的马东，他一枪击毙了一名德军。该名德军蹑手蹑脚地潜行在丛林间，然后突然出现在我们前方不远处。在一名中士和两名士兵的陪同下，马东前去搜查那具尸体。此举是一项命令：总参谋部极为重视那些我们偶然从敌军口袋里获得的情报。然而，在前去搜寻的四人中，只有马东毫发无伤地回来了，而且他没能带回来那具德军尸体。另一方面，一名士兵阵亡，中士与另一名士兵双双重伤。可见，敌军很善于自我保护。

当天下午，3排士兵被24连中的另一排士兵取代，他们同样奉命增援我们。新增兵员中的一些人在我们左边的林地里布防。其他士兵则于堑壕中支援我们。通常而言，这些新增兵员的长官（即某位副官）本应接替我手中的指挥权。但我们在沉默中达成一致，我不仅负责管理本班士兵，还负责指挥堑壕中的其余所有人。那位副官整日坐在一处掩体里，他的军刀在头与腿之间受压变形。他缺乏长官的威严。当堑壕中的指挥官下令开火时，他主要的关注点大概在于如何让士兵们精确地瞄准。瞄准即意味着观测，观测即意味着露头，露头即意味着将生命置于敌军的火力下。因此，瞄准是危险的。而我所知的、唯一能说服他人冒险的办法，就是自己首先承担同样的风险。显然，这是个众所周知的简单道理，然而我所提及的那位副官却不懂。最初一段时间，我的士兵们把枪口抬得太高，这显然是因为他们不敢直起身体；而且他们开枪的速度太快，这是因为他们只想让自己暴露在敌军火力下的时间尽可能短暂。我还记得，自己曾将身体的全部重量压在旁边一名士兵的身上。那名士兵蜷缩在堑壕里，只将一只手举过护墙。他用手挥舞着步枪，在空中扣动扳机。毋庸多言，我只是在特殊情况下才会使用胁迫性的语言。通常而言，我只会劝说士兵们，继而批评他们，同时在每一次下令开火时会重复地喊："放低枪口！"最重要的是，在每次下令齐射时，我都会毫不犹豫地探出头射击，为其他人做出示范。通过这种方式，我的士兵们很快养成了勇敢的射击习惯。正如我们将会看到的那样，士兵们射击的准确性最终拯救了他们自己。

10月17日夜晚至18日凌晨，这段时间不算太糟：仅有几次警报和几次齐射而已。至18日上午8时，德军开始用迫击炮射出的重型榴弹猛烈攻击我们。这些炮弹砰的一声砸落下来，并在撞地后数秒才爆炸。因此，我们不得不提高针对此种炮弹的防御能力。我们的哨兵经过了训练，在辨识出这些炮弹落地的声响后，就会马上喊道："炮弹在右边！"或者喊道："炮弹在左边！"我们立刻卧倒，用背包或粗呢制品挡在爆炸那侧的头前。但是在最初的那个上午，我们毫无经验。

毕竟，那是所有防范措施均告无效后的一次危急状况。我在
堑壕的最右端。待在那里，是因为我希望自己能与 13 班的下
士保持口头交流，从而指挥邻近的堑壕，他们在名义上均需
服从我的指挥。但事实证明，这种希望是不切实际的。我的
左侧趴着一名来自加来海峡的矿工 G.，他是一个善良、聪明
同时沉着冷静的人，我知道我可以在任何危难时刻相信他。
我由衷地喜欢他，因为他具备我的诸多特质。我让他待在身
旁，一方面是因为他幽默的话语总能使我心情愉悦，另一方
面则是因为他出色的视力能够弥补我自身的缺憾。当那可怕
的轰炸开始时，他对我说："这是 272 团的又一个灾难日。"
我回答道："当然不是，根本不是！"我们各自蜷缩在自己的
角落里，将背包、干粮袋和水壶摆在我们头顶附近，就像竖
立了许多盾牌那样。我感觉我们似乎已经在这里俯卧多时了，
密集的炮弹如雨水般降落在我们周围，却没有任何人被击中。
然后，一枚炮弹咆哮着降落在我左边 3 米远的护墙上。我听
见 G. 的叹息声，并感觉他的身体重重砸在我的肩头。我无法
在不完全暴露自己的情况下转身，所以只能咕哝几句鼓气的
话，就是在当时情境下本能涌上心头的话语："勇敢点，老
哥。这没什么，别担心。"最终，在敌军轰炸的间隙，我转过

身去看他。然而当我看到他的面容时，我竟无言以对。几分钟后，他牺牲了。他脆弱的身体被弹片击穿，而那些弹片本是冲我而来的，他用自己的血肉之躯挡了它们。毫无疑问，他拯救了我的生命。近旁的士兵都以为那个陷入死亡之境的人是我。24连的某位战士也被同一枚炮弹所伤，他鼓起全身力气，试图离开堑壕并包扎伤口。我想阻止他，但没有成功。最终，敌军停止了轰炸。我迅速起身，命令士兵开火，担心遭遇一场正在酝酿的攻击。我召集后方的一些士兵过来，并抱起G.的遗体。我帮助他们离开堑壕。有生以来第一次，我的双臂承受了一位逝者的身体重量；大战以来第一次，我为自己亲密的战友哀悼。24连同样有一些士兵阵亡。直至19日上午，G.仍没有被埋葬，他的遗体躺在他被运来的胸墙后方，他的脸庞迎着阳光。

在接下来的夜晚，我们等待着敌人的进攻。但事实证明，我们的等待是徒劳的。19日白天没有发生任何激烈的冲突，但这并不意味着双方没有对射榴霰弹和投掷炸弹。24连的一名士兵在冒险探出堑壕时，手部受了轻伤。下午，我们发现30米外的德军正在修建一个淡黄色的坡道。他们在建造过程中，要么躺倒，要么跪在地上；他们只是在倒出铁铲中的泥

德军使用的 250 毫米口径迫击炮

土时，才会短暂地暴露一下手臂。我命令士兵们开火，但是我们既没有击中他们，也没有吓到他们。马东接替了生病的中尉，并负责管理4排士兵。他告诉我，指挥层希望我们展开一次进攻。

黄昏时分，下午5时左右，敌军突然扫射我们的阵地。透过步枪的射击声，我突然辨识出机枪那极具特色的声音，我们的士兵恰当地称其为"咖啡豆研磨机"。其中一挺机枪离我们极近。如果我们给它足够多的时间，它将摧毁我们的护墙。然后，它的火力将逼迫我们蜷缩在堑壕底部，由此德军便能毫无征兆地突袭我们。我们必须制止它。唉，如果那时我们能拥有后来研发的武器就好了！尤其是那些非凡的苦味酸手雷。但我们仅有步枪。为了使自己摆脱机枪的困扰，我们不得不向德军的机枪手开火。在机枪射击的间歇，我们还是有机会反攻的，因为它无法一直射击。但是如果我们不知道那挺机枪的确切位置，又该如何打掉它呢？于是，我支起身体并观测它射击时迸发的火光：那是比普通步枪更红且更强烈的火光。它被架在一棵树下，我们知道敌军白天修建的坡道恰好位于那里。我突然明白，那条坡道就是为了保护他们强大的武器而建造的。机枪停止了射击。于是我下令齐射，并将火力投向目标地点。士兵们努力瞄准。此后，机枪再次向我们的堑壕射击，于是我们暂停开火。随着机枪火力的再度停歇，我们重新开始射击。如此周而复始。过了一会，德军改变了机枪的位置，新一轮的比拼开始了。这一切总共持续了多久？我不知道。但是我知道，那挺机枪最终停止了射击。我们再没听到它的声响。几乎同时，德军的步枪也停火了。马东向我们和那些服从于上尉的士兵们表达了祝贺。

然而，德军并没有放弃侵袭我们的阵地。夜间，他们三次进攻我们。多么喧闹的夜晚！他们爬出自己的堑壕。我们听到他们过来的声音，却自始至终没有见到他们。每次，我们都用步枪将他们击退。我站着指挥士兵们开火，同时扫视林地，查验齐射的效果。我用毯子围住脖颈，使其充当一种防护衣领。在平顶军帽下，我只露出双眼；因为我用一条围巾全面包裹住头脸。毋庸置疑，我错误地希望它能帮我抵御任何枪炮的进攻。我将自己安置于堑壕的中间地带。身旁的两个人，一个是非常勇敢且沉着冷静的 24 连下士，一个是我们排的士兵，他们共同扯住我的斗篷，并迫使我退回去。而我回复称："你们的好意我心领了，但请留下我一个人！"第三轮进攻开始时，我已在不知不觉间被疲惫感压垮，酣然入

德军一战期间的标准机枪 MG08，射速约为每分钟 500 发

睡。某个士兵把我推醒，嘴里喊着："中士！中士！"我及时起身，并下令："自由射击，向前方的<u>丛</u>林中射击，猛烈地射击！猛烈地射击！"

次日清晨，我们终于从枪林弹雨之中解脱出来。一个士兵在林地里走失，我们再没见到他。当我们终于走出拉格鲁里，看到沐浴在阳光下的拉哈拉泽草地时，总算松了一口气！我意识到队伍中有三人受伤，其中一人来自3班，另外两人来自15班和16班。我们筋疲力尽、口干舌燥且头晕眼花地回到了拉讷维尔奥蓬。中途休息时，在一条从维埃纳堡（Vienne-le-Château）转弯的道路旁，上尉走来向我表示祝贺。他告诉我的士兵们，请跟随我自信地开火，同时补充说我是一个真正的长毛兵[①]。我回答说自己的胡须肆意增长且油腻蓬乱，着实配得上这个绰号。

四

10月20日至27日之间，我们先是在拉讷维尔奥蓬休整，

---

① 译者注："poilu"一词本为"多毛的"意思，一战时期法军步兵的绰号。

后来去了弗洛伦特。我在日记中写道："营地的平静生活，单调且枯燥。"27日下午3点左右，我们离开了弗洛伦特，并在拉普拉卡德尔附近的林地边缘宿营。在28日破晓后不久，我们重新进入拉格鲁里。我们营被部署在先前阵地的右侧。

这次在森林中心地区的防戍任务，一直持续到11月3日上午。如果听闻这段时光给我留下了十分愉快的记忆，272团的大部分士兵可能会感到惊诧。对全营的数个连队而言，这段记忆都被血腥的事件玷污了。在我的连队里，至少有两个排士兵经历了痛苦的考验。但4排士兵却度过了一段相当愉快的时光。距离不远但又从未谋面的德军，没有破坏我们的安宁。虽然他们一次又一次地开火，尤其是在夜晚。他们中的某个人，一定具有坚忍不拔且条理井然的品质，因为他总是瞄准同一方向射击。子弹落在我们堑壕外的右侧空地。他从未对我们造成任何伤害，但他的固执令我们抓狂。我们称他是"躲在那边儿的小臭鼬"。一次又一次，我们听到从丛林深处的某人大喊："开——火。"拖长的语调好似一位指挥数百人的军官在发号施令。这种幼稚的虚张声势，无法烦扰到我们。不久我们便发现，每次夸张的号令过后，至多只有十二支步枪开火。在这次防戍任务临近尾声的时候，一些炸弹直

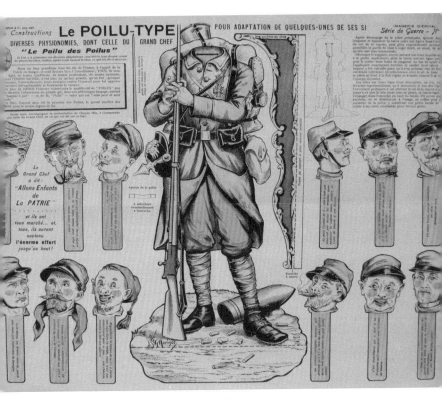

1915 年的一份"长毛兵"海报

接飞向我们。它们中间有许多始终没有爆炸，另外一些则缓慢地滚动着。随后，我们看到它们在夜空中腾起，划出美丽的红色弧线。第一枚炸弹落在离我不远的地方，在爆炸后释放出一股臭气，我们旋即感到非常不适。我们的堑壕并不是连续的整体，而是有两到三个地下掩体，彼此之间再通过一些狭长的通道与壕沟连接起来。一名来自加来海峡的矿工和一名来自巴黎的工人与我共享地下掩体，这是我的选择，这两个战友与我相处得非常愉快。在混乱之中，我们共同营造了一个舒适的小环境。没有什么地方的黄油面包，比我在林中这处荒僻洞穴中吃到的更好吃。在白天的时候，我会离开掩体前去指挥物资分配，或是去向排长汇报工作，或是四处走动，与邻近的部队保持联系，也可能我只是厌倦待在掩体中，想找个什么借口离开那里。在夜晚，我们轮流站岗放哨。这平安无事的不眠之夜似乎永无止境。我与睡意艰难斗争，同时也还记得有几次在枝杈间瞥到的可爱月亮。

11月3日上午，我们返回了拉讷维尔奥蓬。我们一直在那里休整，直至8日夜晚。那时，4排的指挥官——少尉A.被调任至新组建的工程师营。而我此前一直受他指挥。他非常年轻，只有25岁，同时非常单纯且非常值得信赖，他是一个与我们相处愉快的战友。我十分想念他。此后，我以副官身份接过了他的指挥权。上尉和他的排长们共同进餐。而在那之前，我几乎总与自己的士兵们一同进食，并分享他们的生活。现在，我离开了他们。这是一个巨大的改变。自此以后，我拥有了舒适一些的生活条件，虽然只是相对而言，但这在前线却是弥足珍贵的，尤其是在天气糟糕的时候。而我说的不仅仅是物质享受——更营养且更充足的食物、更细致入微的后勤服务以及更便利的居所。虽然这些都是莫大的福祉，并且只有傻瓜才会对它们嗤之以鼻。但这些物质条件对我而言，还不是最好的。相反，一张桌子、一盏灯，一个可供阅读、书写或仅供思考、做梦的安静角落，才是使战时生活更为舒适和更为愉悦的灵符。噢，我究竟是如何度过那些没有灯的初秋夜晚的？那些在营房中显得极其漫长的夜晚。此外，我还拥有更多建立于精致对话之上的乐趣；能与全连更精明且更睿智的健谈者交流，例如我们的上尉；以及拥有更多获取信息、获知全团和世界正在发生何事的机会。自然而然地，我欣然接受了晋升带给我的所有特权。但我并不为如下事实感到遗憾，那便是自己曾从底层职务做起，因为这使我与士兵们的联系更加紧密。我曾置身于士兵之中，因此能更好地了解他们。

在 11 月 8 日至 15 日之间，我们再次回到前线，那是在弗得帕里斯（Four-de-Paris）谷底上方的森林中。4 排士兵被拆分成两半。我选择跟随其中半数士兵（15 班和 16 班），驻守在山谷的缓坡上，德军曾于谷底建立了一个小型岗哨。我们的堑壕封锁了山坡这侧通往数百米外德军驻地的道路。我置身于一条破败狭窄的壕沟中。我们在那儿度过了一段平静且乏味的时光。两次错误的警报，一些不造成任何伤害的榴霰弹，一名巡逻兵的悲剧（他违反我的命令，冒险前往道路左侧，充分暴露在敌人的视野中，最终被一颗子弹灼伤了面颊），以及我在晚归时，跌落到泥泞的小溪，所有这些都是我记忆里非同寻常的事情，它们的发生也使那段平静枯燥的时光鲜活起来。

11 月 15 日，如果我没记错的话，殖民地军团前来接替了我们。而我的日记也恰好止于此处。尽管我从未逐日记录，但直至那时，我仍试图让自己的日记保持进度。然而，11 月 16 日以后，我便什么都没有记录了。我在 11 月底遭受的轻微却令人烦闷的创伤，一次普通劳累后开始纠缠我的病症，以及越来越频繁的身体不适，都能解释我在日记这件事上的怠惰之情。当然，辍笔之举令我今日十分懊悔。但即使没有了日记的帮助，我仍旧可以唤起脑海中的鲜活记忆，尽管我无法明确指出事件发生的具体日期。

在拉讷维尔奥蓬进行了又一次休整后，我们再次前往拉格鲁里。像往常那样，我们在夜晚换班。当日的寒冷极具穿透力，林地里的水坑已经结冰。人行道上覆盖着令人难以置信的平滑冰层，一些地方尤为险峻陡峭。我们只能艰难前行，并且频繁跌倒。直至天亮，我们才到达指定地点。

经过不断地修整和完善，我们已经填补了自己防线的缺口。以前，这些缺口常令我们的防成生活十分艰难。现在，我们排驻守在连队右侧的士兵，已经能在掩护下与近旁的两排士兵轻松取得联系。我们堑壕的布局着实荒谬可笑：左边建有一系列掩体；右边，一条狭长的锯齿状通道圈出一个半圆，凹面面向敌军；中部，哨岗只剩左侧一半空间可用，右侧已经全然塌陷；最后，上述所有工事均由交通壕连接，形成一个交通网络，这些交通壕也一直延伸到后方。一旦士兵们安定下来，并且临时命令已被下达，我们的当务之急就是侦察周围地区。借着黎明时分的昏暗光线，我看到一幅令人惊诧的战时景象。没人会相信我们正处于丛林之中。炮弹的爆炸以及更多时候的机枪扫射，将树枝乃至树干拦腰斩断。在我们的右后方，一棵巨大的橡树被砍倒。它的树干仍通过些许木质纤维与树桩相连，但是它的树冠却已经倒在了地上。前方，一处废弃的掩体坍塌了，它的土块堆成了一座浅黄色的小丘。一具穿着法军制服的遗体俯卧在它近旁。再往前（尽管实际距离仍然很近），我看见一个长长的浅褐色斜坡，坡上有一些沙袋，并且到处都插着镂有长方形观察口的金属板。那些就是德军的堑壕。向左，他们的堑壕工事离我们远去，沿斜坡向上延伸，途经一片距我们 30 到 40 米远的空地。向右，他们建造了一个凸角堡，与我们近旁 17 连士兵的堑壕工事绵延相对。我估计己方护墙与德军堡垒之间的最近距离只有 12 米。

我们在那里驻留了三到四天。当觉得自己如此靠近敌军时，我们惊恐万分。轻轻一跃，他们便能出现在我们面前。而且，我对我们的堑壕工事毫无信心。夜晚，每个人都上好刺刀，并保持警惕。我经常在周围巡视。白天的时候，三分之一的士兵仍需严阵以待；另外三分之一的士兵需要承担永无止境的修缮工作，这对依靠堑壕作战的我们而言十分必要；剩下三分之一的士兵则去补充睡眠。我们几乎听不到德军的声音。像我们一样，他们已经习惯了轻声细语。我们周围只有铁铲、锥子或斧头的声音，这些声音无法被完全遮蔽。天气非常寒冷。我们升起一些篝火：在如此之近的距离里，我们不再怕被看到。我拥有一个居住状况良好的掩体。里面有一张夯土床和一个灶台，但不幸的是灶台在使用时总会冒烟。掩体里还有一扇窄小的窗户，它不仅能让日光照射进来，还能让我遥望四周，但遗憾的是它总会暴露躺在床上的人，并使其遭到直接攻击。前几任军官中的一位就曾受伤于此。但我们又能做些什么呢？我在掩体里找到了一条红色的鸭绒被，我用它来暖脚，同时找到了一本文集。以它当时缺页的状态来看，文集开篇写着："关于死亡的布道。"我没有继续读下去。

　　一些训练有素的射手正埋伏在我们对面。第一天黎明时分，当我于堑壕最凸出的部分稍稍探身，越过护墙以侦测敌情时，我听见了步枪上膛的声音。我旋即跳回地面，而一颗子弹恰好从我头顶呼啸而过。我们的敌人全面保持着镇静。一次，我令某位士兵向敌军投掷一枚苦味酸手雷。这枚手雷恰好落至敌军防御工事前的不远处。显然，它不会伤到任何人，但它的爆炸声已经足够大，并且它爆炸时产生的黑烟已经吓坏了敌方最镇定的兵员。在观察哨里的德军士兵靠近我们刚刚轰炸的地点以前，黑烟很难散尽，而我们则能瞄准自己投掷手雷的方向，精准射击敌军。

对一支即将进驻敌军近旁阵地的军队而言，最危险的时刻往往是他们抵达的时候。因为士兵们需要时间去养成极度谨慎的生活习惯，而这恰恰是此种危险环境所需要的。我们在抵达驻地后的当天上午，就经受了残酷的考验。我们有两名士兵死亡，一名士兵受伤：三人均为头部中弹。当一枚子弹以一定的角度射入颅骨时，它就会爆炸。那正是 L. 牺牲的原因。我前去将他的遗体搬运回来。他的半面脸皮剥落下来，就像铰链不再吃劲的百叶窗那样，而且任何人都能瞥见他脑壳内的空腔。我用一块手绢盖住了这可怕的创伤，以使我的士兵们无法看见这一幕。在世人的印象中，农民和工人都是粗鲁的，但他们却往往是极度敏感的。我自己倒是禁得住这种血腥场面，而且也不会太过悲伤。因为我知道，L. 死去时没有承受太多痛苦。事实上，看见他重创的头颅，要比之后看见他钱包里两个小儿子的照片时好受得多。

因此，对我们而言，如果德军给我们制造麻烦，那么我们决不会坐以待毙。我尝试使用 C. 上尉刚刚发明出来的手雷投射器。一名负责测试它的炮兵准将正游走于各个堑壕之中，他用手臂夹着那个"袖珍火炮"，向所有排长提供测试服务。他十分平易近人，适度称赞着自己的产品。我接受了他的建议；但或许因为投射器的制作还不尽完美，更或许因为它受制于我们的堑壕环境，那个投射器很难满足我们的需求。一方面是由于堑壕自身的结构，另一方面是由于堑壕所处的地理位置——森林中部地区（无论如何那里总有一些林木），这两点使得测试结果非常一般。投射器投掷了两枚手雷，但它们都撞到了树上，第二枚还差点弹回到我们自己人的身上。测试就此结束了。我们的主要武器仍旧是点燃引信后，用手投掷出去的苦味酸手雷。我有一个绝佳的投弹手 T.，他是一名矿工，拥有强健的臂膀和处乱不惊的勇气。在点燃引信前，他会将引信剪得极短，以至于我总认为手雷会炸在他的手里。但由于这份勇气，投掷出去的手雷总会于触地时爆炸，令敌人没有逃跑的时间。有一次，我听见敌人挖掘堑壕的声音，于是向他们投掷了一枚手雷。随爆炸而来的是一阵可怕的哭嚎声，我们距事发地如此之近，以至于士兵们都以为 T. 或是我受到了伤害。尽管我们早已久经沙场，但我仍旧感到自己的血液已经凝结，同时看到 T. 的面色惨白。这不是一个太好的回忆。

我们距离敌军太近，以至于我不禁想与他们沟通一番。我给他们写了一份声明。我们听闻德军中有一些波兰人，所以我想动员他们逃跑。我打算在递送过去的包裹里再放几份法国报纸。然而在我准备包裹的时候，我的注意力在某种程度上被一小撮士兵分散了，他们在我正对面的空地上做工。尽管我们看不到他们，但他们工具发出的声响，以及更为重要的——地表树木的晃动——毫无疑问他们正在剪除这些树木的底层枝条，都证实了他们的存在。我走到堑壕的最前端，准备下令朝他们做工的方向齐射。但恰好在我下令"开火"的那一刻，我左眼上方的额头遭遇了沉重一击。我跪倒在地，大喊道："我被击中了。"事实上，一枚德军子弹击中了我方士兵的步枪，并导致他的弹匣爆炸，而他正趴在我的前面准备射击。我要么被德军子弹的弹片击中——或许他们故意使子弹在撞击时迸裂——要么被法军弹匣爆炸时所产生的弹片击中。我之所以说是弹片，是因为我除了眉毛旁有伤口外，我的脸颊和头上还有一些刮伤。与此同时，我的平顶军帽多处被击穿。我曾在书上读到，那些致命的打击往往不会很疼。而且我还知道，头部创伤通常而言要么非常严重，要么无关紧要。我想："如果我在两分钟内没有死去，那么我就没事。"因此，在度过了致命的两分钟后，我判断自己所有的伤口均无大碍。我简单包扎了一下，便前去找军医就诊。

在路上，我偶然碰到值守岗位的营长。他详细询问了此次意外事件的情况，以及我们堑壕的环境。他以应有的严厉态度指责我事发时莽撞的抬头之举，这是一个不容争论的事实。然后，他突然变换了语调，叮嘱我要好好照顾自己。当我下山前往拉哈拉泽的战地医院时，他跑步追上我并建议我走小路，因为大路已经暴露在敌人的枪口下。在拉哈拉泽，医生检查并包扎了我的伤口。军医预计我一侧的眼眶会发黑。事实证明，他的预测太精准了。在接下来的几天里，我一侧的眼睛，无论从它的外形还是颜色来看，都会使人错愕不已，同时成为身边随从人员的一桩趣事；然而，我轻易获得了重返堑壕的许可。我恢复行使了自己的指挥权，上级为对我负伤一事表达敬意，还特意向我派发了一些温酒。但我既未向德军送出那份声明，也未向他们送去法国报纸。当晚，一排猎兵部队①前来接替我们。当通信员过来报告他们抵达的消息

---

① 译者注：猎兵（chasseur）即指法军中为实现快速行动目的而训练、装配的步兵或骑兵部队。

时，我正在小睡。我觉得自己实在难以睁开眼睛。

五

那次我们并不是去拉讷维尔奥蓬。事实上，我们再也没有回到拉讷维尔奥蓬。我们被派往维埃纳堡。之后，在整个12月，直至我战地生活的最后时刻，除了在圣默努尔德附近的绍代丰坦（Chaudefontaine）度过两天之外，维埃纳堡始终是我们从堑壕返回后的休整地点。说到休整，那实在是太虚幻了！必须做的杂务特别是清洗自己沾满淤泥的衣物，在营地附近的道路执行警戒任务，以及对邻近炮兵部队的支援任务，占用了我们的大部分时间。

维埃纳堡建在比耶姆（Biesme）支流[①]的两岸，比耶姆支流里的水带动了这个村庄的水车。尽管当地空气怡人，但村庄本身并没有什么特别之处。然而，我知道它处于德军炮兵部队的轰炸范围之内，炮弹赋予它丧失自然本色且如战地画作般的天空之景。

---

① 译者注：比耶姆支流即埃纳河北侧的一条支流，全长 28.1 千米。

村中随处可见断壁残垣，那些支离破碎的房屋——我们能从其开裂的墙体中，瞥见其内部残败的景象，那些硝烟弥漫的废墟，那被炸断尖顶的教堂，这一切犹如阿拉斯（Arras）或兰斯（Rheims）的战时缩影。但总的来说，与实际伤害相比，炮弹产生的更多是不绝于耳的噪声。许多房屋仍然矗立在那里，而且我只见到过一次平民受伤的情况。没有什么事是比适应敌军轰炸更容易的了。这可以解释为什么那么多被围困的城市会充满英雄主义气息。我猜测要么是榴霰弹，要么是烈性炸弹，它们曾使我们无法入眠，无法散步，即便有机会也无法消遣娱乐。虽然如此，但我们仍愿待在距前线更远的地方休息。我们可以忽视远方火炮的轰鸣声，却会听到近旁炮弹的呼啸声。在营房里，我们感觉呼啸而至的炮弹实在太多了。而那首"死亡乐章"，本应是为堑壕准备的。

那座使维埃纳（Vienne）得名的维埃纳堡曾矗立于山间，四周屋舍俨然。然而现在，除了地窖什么都没有留存下来。这些地窖在山坡上逐级建造且空间极大。我们在其中度过了一晚。我想自己就是在那里患上了支气管炎。后来，当我染上伤寒时，我正备受支气管炎的折磨。其他时间里，我们通常宿于"棚屋"中，它们位于村庄入口处被松林覆盖的坡地上。军官们则待在"村镇"中的屋舍内。我们同样在"村镇"中用餐。而在我停留的最后一段时间里，我也睡在屋内，甚至睡在床上。法军总参谋部号令普通民众离开此地。因此，我们就睡在他们的床上，在他们铺有亚麻布餐巾的餐桌上进食，凭借他们的灯光照明，并且通常而言，消耗他们的生活必需品。那就是强盗的生活吧！尽管有宪兵的存在，但趁乱打劫的事情时有发生。许多扶椅出现在营房中，有时甚至于出现在堑壕里。我们从私家花园里拿走了玻璃钟罩，用来给"棚屋"照明；还从屋舍里拿走了火炉，用于取暖。我问心无愧地做了一回小偷，偷走了一个烛台和一本编于 1830 年前后的诗集。后来，我遗失了烛台，但我仍保有那本诗集。维埃纳堡拥有一个毛毡厂，他们主要生产漂亮的红色土耳其毡帽。那些毡帽成为士兵们休假时最喜欢佩戴的头饰。

维埃纳堡唤起我内心极度痛苦的一段回忆。在我们第三次返回那里休整时，一天凌晨，日出前不久，我被一阵呼救声惊醒。4 排另一半士兵居住的"棚屋"坍塌了。半梦半醒间，我没能第一时间理解事态的极端严重性。我跑到事发现场时才最终看清一切。雨水逐渐侵蚀了缓坡上的土壤。像绝大多数的其他"棚屋"那样，这些"棚屋"都是嵌于山体之中的——建造者直接在坡地上开凿洞穴，黏土质的承重墙构成了"棚屋"的后半部分。顷刻之间，"棚屋"与毗连的山体断裂开来，它脆弱且几乎没有内部支撑的结构开始垮塌。在许多彼此纠缠的林木枝条和泥浆的覆盖下，伤员们正在呻吟呼救。我们则全力营救他们。光线昏暗，实难看清。第一缕晨光几乎无法刺透凝重的夜色。就照明设备而言，我们只有一些手电筒和很快就被风吹熄了的蜡烛。时间已经太晚了，以至于我们无法救出所有战友。扒开废墟，我们找到的不仅仅是七名伤员（其中包含几名重伤兵员），还有三名死者呐！死者中有我的好朋友 F.。在经过长时间艰难的努力后，我们才刨出了他的遗体。那时，天空已经放亮了。他苍白的面孔显现出来，几乎没有沾染什么泥污。他黑色的眼眸还大睁着。下午，我们埋葬了在此次荒谬事故中可怜的受害者们。我意识到，他们是在以自己的方式葬身于这片荣耀之地。然而，如果他们能倒在敌人的枪口下，或许我不会如此心痛。上尉要在墓地旁讲话，但由于他太过悲恸，以至于寥寥数语之后，便再也说不下去了。

　　在维埃纳堡，我们只有一天特别开心，但那一天很快就过去了。那大概是在 12 月 20 日前后。午夜时分，我被 Q. 上尉叫醒，他是刚从上校那边回来的参谋。他告诉我，我们营将于破晓前转移，我想大约是在凌晨 4 点。这是一次史无前例的行动：因为我们正在休假。Q. 补充道："这是一次大规模的进攻。"当日上午，我们占领了维埃纳和拉哈拉泽之间的第二排堑壕。在那里，我们听到了霞飞将军当日的指令，他宣称进攻一定会将法国彻底解放。我发现了印有宣言的文本，并将其读给士兵们听，他们深深为之感动。士兵们是多么欣喜呐！堑壕战已经变得如此缓慢、如此沉闷且如此耗费心力，使得我们当中哪怕是最胆小的士兵也全心全意地盼望着冲锋号的吹响。我们的火炮整整轰鸣了一天，而敌人的火炮却只微弱地回应着我们。当晚，我和上尉坐在同一间掩体的入口处，遥望阿尔贡以东天空中的火光，我们猜想，那里正进行着激烈的战斗。然而后来，全连士兵奉命回到维埃纳。在那之后，进攻的议题就被束之高阁了。

通常而言，我们离开维埃纳堡只会赶往前线。全团的两营士兵平均每隔七天就会换班。我们总是驻扎在同一地区，那里是开阔的原野，亦是东起拉格鲁里，西至埃纳河河谷的黏土高地。我们连的士兵也总是一成不变地作为全营的左翼，而我们营的驻地，因为殖民地军队的存在而更加居左。

约瑟夫·霞飞（1852—1931）

　　发表于 1914 年 12 月 19 日的一幅漫画，配文是："霞飞什么也没说，但每个人都听到了。"

我们将自己堑壕的边界从林地边逐渐拓展到一条道路旁，这条路是从塞尔翁（Servon）到维埃纳堡的。直至12月底，我们才最终将堑壕修到路旁。我们在那里能获得更为开阔的视野。在我们面前，稍稍越过坡地，敌军的堑壕体系与四周颜色更深的土壤相较清晰可见，我们还能看见比纳尔维尔（Binarville）的钟楼直指天空。当我们想谈及一场伟大的战斗或一次出色的进攻时，我们不会说，"那是当我们在梅济耶尔（Mézières）或里尔（Lille）的时候"，而会说，"那是当我们在比纳尔维尔的时候"。尽管，我认为我们尚未到达那里。

如果我把自己的战斗经历划分成几个阶段，那么我会将最后这个阶段命名为"泥泞时期"。那段日子降雨频繁。在这片近乎平坦且具有防渗土层的地区，雨水既无法渗漏也无法流走。我们的堑壕由此变成了水沟。在每次倾盆大雨过后，我们都要清倒堑壕里的雨水。而在我们对面，德军也要进行同样的工作，这给予我们一丝慰藉。我们堑壕的护墙塌陷下去，这使我们需要不断加固、清理、覆板和重新挖掘堑壕工事。我们的士兵被这些无休止的劳动折腾得筋疲力尽。黏土粘在他们的铁锹和双手上。有一次，我的掩体坍塌了，因为雨水削弱了它的稳固性。幸运的是，我意识到它会崩塌，于是采取了防护措施，提前搬了出去。天气并没有多寒冷，但是无法消散的湿气比低温更令人难以忍受。一连数日，雨水将我们的衣服彻底打湿。我们的双脚已经冻僵。黏土粘在我们的鞋子、衣服、内衣和皮肤上。它还使我们的食物变质，并且有堵塞步枪枪管和枪膛的风险。返回前线变成了一件令人痛苦的事情。我们总在夜晚起程前往驻地，并且通常而言，天色很黑。我们跟跟跄跄地走在被雨水浸湿的道路上。弹坑以及那些充斥着坍塌物的废弃堑壕，都成为凝重夜色下的多种安全隐患。我们总是筋疲力尽且怨声载道地返回维埃纳堡，从头到脚包裹在泥壳里。但就算生活在泥泞的地狱中，我们也还有为数不多的美好时光。

我们的驻地并不是十分暴露。虽然炮弹不断在我们头顶掠过，但究其原因不过是我们后方的炮兵部队与德军频繁交火而已。虽然绝大多数的投射物不是冲我们而来的，但我们的炮手时常疯狂热衷于近射，其结果就是我们有时会被己方而非敌方的炮弹击中。在1月4日的时候，他们就用这种方式炸死或炸伤了1排的几名士兵。我们偶尔也会被德军的火炮轰炸，但他们的炮弹从来伤不到我们排的任何人。在通向塞尔翁的那条道路的近旁，有一栋矮小的建筑，我们很难从自己的驻地看到它。几位炮兵长官坚持声称，那里要么隐藏着德军机枪，要么是通往德军地道的入口。然而事实上，那里只不过是一名筑路工人的小屋，因为我曾连续两晚派遣巡逻队去侦察。近旁炮兵部队的一位长官来到我们的堑壕里，拒绝承认其同僚犯下的错误。我被触怒了。然后为了解决此事，我决定承担起对那个破旧小屋的侦察任务，如此我便能亲自核实自己士兵的调查结果。在前往小屋的时候，我轻易避开了敌人的视线。然而在我回来的路上，当我爬上一个小斜坡以期观察敌军的堑壕时，我被敌人发现了。他们用步枪子弹向我"致敬"。我不得不用腹部贴地、匍匐前行，爬回了自己的堑壕。虽然此举谈不上有多危险——因为敌军的步枪手很难看到我，但我仍强烈体会到一种与所有被瞄准者相同的感受：恼怒伴随着不安。就像一个人在社交场合中被乖戾者逼至角落的感受那样。

当夜幕降临时，我们通常会离开掩体，要么去拜访与预备排士兵一同待在后方的上尉，要么去探望我们当中的一些人。在不规则地形的掩护下，我们几乎不会受到流弹的威胁。一日夜晚，当前线 3 排士兵的长官均如往常一样前去拜访上尉时（毫无疑问，这是由于我们想借阅上尉的报纸），我军与敌军突然开始在前线交火。我们不得不像傻瓜一样奔回自己的阵地。自此以后，我们三人始终避免同时离开前线的情况出现。在圣诞节前夜，我于上尉的掩体内见到了从亚眠赶来的同学 B.，他也是我的同僚，时任 72 团少尉。他是带着全排士兵前来支援我们连的。上尉此前收到了一瓶香槟酒，我们一同为胜利干杯。之后，我便再没有见过 B.——他于 3 月 3 日进攻博塞茹尔（Beauséjour）时牺牲了。

在堑壕阵地中，全排损失了三名士兵。其中两人中弹而亡：一日破晓时分，当侦察树林的搜索队归来时，一名士兵不幸牺牲，此事怪我派遣他们出去的时间太晚；另一名士兵则被一枚流弹击中头部而失去了生命。第三名士兵则死于医务人员的疏忽。他名为 G.，是布雷顿（Breton）地方自卫队的士兵。在我们团，疾病造成的人员损失多于战斗。直至 12 月中旬，我们团才因布雷顿地方自卫队的到来，恢复到最佳战斗状态。他们中的一些海军新兵成了优秀的士兵。然而，其他一些来自内陆地区的士兵则像冷血的战争机器，令我们倍感吃惊。他们过早地衰老，在贫穷和酒精的双重作用下，看起来十分忧郁。不善言辞的性格特点，也令他们看上去更为粗野。雪上加霜的是，他们从布雷顿的不同地区受雇而来，因此每个人都操着一口不同的方言。他们之中懂得一些法语的人也很少为其他人充当翻译。G. 即是他们之中最自闭的一个。他像绝大多数人那样温顺服从，但他却没有理解别人和被别人理解的能力，他像活在另一个世界中的人。他的外表惹人怜悯：矮小、瘦弱以及面无血色。至 12 月底，他似乎感觉很不舒服。之后，我们便进驻了堑壕。每日黎明时分，军医都在指挥所附近巡视。G. 接连两天前往那里，却没有被注意到。第二天，他在返回堑壕的路上，昏倒在地。我要求他次日继续前去就诊，并拿给他一张便条，那是应我的请求，上尉写给医生的嘱托。上尉强调了他病情的紧迫性。然而，那张便条却永远无法被送达了。当晚 9 点，G. 停止了呼吸。那晚，我们在堑壕阵地的后方埋葬了他。

我们在维埃纳堡度过了元旦；随后于 2 日夜晚至 3 日清晨间返回了前线。在某些时候，我明确感知到自己的疾病，而我为控制病情所做的全部努力都以失败告终。3 日夜晚，我决定请上尉准许自己返回后方营地。他欣然同意了。事实上，他敦促我尽快回去。一名返回维埃纳堡收取邮件的士兵与我同行。他友好地背起我的行囊，但他的勇敢程度却不及乐于助人的程度，他在敌军火力覆盖范围内的那段道路上，迫使

堑壕附近的带刺铁丝网

我以飞快的速度前行。我上气不接下气，头脑昏沉，几乎无法跟上他的步伐。途中，我跌倒了两三次。5日上午，医务人员将我送回圣默努尔德。在将我运回后方的汽车上，我听到了熟悉的火炮轰鸣声，那种声音正随我的远去而渐渐消逝。

六

因此在1914年8月10日到1915年1月5日之间，我经历了一段与平时生活相去甚远的日子：那曾是一种充斥着野蛮和暴力的生活，也常常是丰富多彩的生活，更是千篇一律的单调与些许欢乐、些许悲伤调和后的生活。在经历五个月的战地生活后，有谁不会积攒下丰富的人生阅历？

像其他人一样，我也对物资配备和军事训练的极度匮乏留有深刻印象。在拉格鲁里的时候，我使用的铁丝是没有倒刺的。我亲眼看着自己的堑壕遭受敌军的狂轰滥炸，但我们却只能用步枪的火力做出回应。我曾命士兵用手持工具刨地，也曾与同僚密谋，为本排士兵弄到一些结实耐用的大号工具。我亲眼看到电话线路的匮乏，阻碍了我们与炮兵部队的通信，这种情况一直持续到我离开。而且只有经验——毫无疑问那是最不靠谱的教程——告诉我如何挖掘堑壕。后来，我反思了我们在战争开始后几个月里的所作所为，发现工兵部队对该问题的应对能力比我们强不了多少。而在抵达拉尔齐库尔之前，难道长官们没有给我们的营长搭建一个庇护所吗？（有是有的）只不过那个庇护所虽巧妙地隐藏在卷心菜地里，却完全切断了营长与前线的直接联系。因此，在一次进攻中，我们忧心忡忡的少校，在所有携带其命令奔向各个连队的军需官全部阵亡后，不得不像无助的旁观者那样，被迫注视着这场本应由他指挥的战斗。然而，我也见证了法军缓慢的进步，尽管困难重重，但着实出现了进步。到了 12 月，我们所拥有的带刺铁丝网和尖桩的数量，已经超过了我们所需的总量。当我们首次驻扎于拉格鲁里的时候，我们的炮声听起来十分微弱且断断续续，但后来我们的火力逐渐增强，并最终盖过了敌军的炮声。

我意识到，尤其在战争初期，我们曾有一些惊人的过失。当我们驻于托讷拉隆附近的堑壕中时，我们对前方的状况全然不知。一日，当我们认为自己已经接触到了敌军时，我们的前方却仍是法军部队。几个小时后，我们收到了离开昂莱瑞维尼的命令。在拉尔齐库尔，我们在工兵部队的监督下干活。第一天，我们耗费了相当大的力气挖掘了一条堑壕，但这条堑壕却能从很远的地方被看到，这就相当于我们为敌军火炮提供了一个绝佳的进攻目标。接下来的一天，住在村中的工兵部队上尉前来视察我们的工作，他准确判断出当前工程的问题，并让我们重新开始。而如果他能早一天前来指导经验不足的我们，那就能让我们既免于痛苦的劳役，又免于浪费精力后的意志消沉。我的一名来自法兰西岛的士兵，他曾是城镇中技艺精湛的木匠。他说："如果像这样做工，那我不久便会关门大吉了。"难道他说的不对吗？

我并不总是对自己的长官们感到满意。我发现他们常常不够关心自己士兵的福祉，过于忽视他们的身体状况，以及无心探寻真实情况。那句邪恶的话语——"让他们自己去应付吧"——本应从 1870 年以后，无人再敢这样说，却过于经常地被他们挂在嘴边。有时，长官和排长的伙食占据了补给物资过多的份额。长官们的炊事人员在连队里扮演了过重的角色。军需官也本应受到更为严格的监察。但很明显，我的批评或许不适用于某些团。我仅能就自己的见闻发言，而我的经历必定是十分有限的。在宿营时，连长们没能经常召集他的士兵。后备军不再是孩童；他们对新闻的热衷给我留下深刻印象，而新闻的缺失往往令他们灰心丧气。而这取决于他们的长官是否会告知他们事态的进展，并就相关事态做出评论。我曾拥有一位非常懂得如何与士兵沟通的上尉。那他为什么不再经常这样做呢？平心而论，我应该补充一点，那便是在维埃纳堡的时候，我们被迫取消会议。因为在一个持续遭到轰炸的村庄中集会，是一件危险的事情。

我们营，之后还有 6 营，在当时受到一名上尉的指挥。他是一个粗鄙之人，时常蔑视他人。他只知道通过两种手段来让士兵服从：辱骂他们或以军事法庭威胁他们。我亲耳听到他贬斥某人，而两天前（9 月 10 日），那人在德军以毁灭性的大炮和机枪火力掩护本方部队撤退时，岿然不动、毫无退缩。他还曾动手打人，但我相信那件事情已被掩盖过去。炮火声揭露了他的本性，而他大惊失色的时刻也是大快人心的时刻。在被提拔为少校后，他以普通的体力不支为借口使自己得以被召回，但没人相信他的托词。然而，我们营的士兵，还在一位令我极其敬佩的长官手下服役。他的外表稍显严厉，同时举止直率，言辞坦白。他瘦长的脸孔，几近苦行者那般，毫无幽默气息。然而，尽管他没有做出任何让自己受到欢迎的努力，但他却拥有成为领导者的个人魅力和神秘气质。他的士兵十分信任他，并愿意追随他去往任何地方。此外，在我战友 M. 的身上，我发现了朴素勇气的魅力，还有沉着冷静与个人热心交融后的幸福。M. 是一位延长了服役期限，虽不具委任令却已升至少尉的军官。他就是那个曾经做出英勇回答的人，这个回答因为明显没有任何华丽辞藻的修饰而更加出色。那便是当一位惊慌失措的士兵哭喊着"德军离我们只剩 30 米远"时，他答道"是我们距德军只有 30 米远了"。

一个连或一个排并不都由智力水平相当、魅力指数或勇敢程度相同的人组成。每每回想起与我一同生活的战友和我指挥的士兵时，他们并非都是讨人喜欢的。通过了解下士 H.，我才明白士兵装病能装到何种程度。（如果不是中尉这么善良，或者说这么仁慈，那在此种情形下，他会受到怎样的军事判决呢？）当我忆起下士 M. 的脸孔时，我不禁会露出一个无奈的微笑。他是一个矿工，身材矮壮，脸盘方正，并颇有几分笨重。他的鼻梁上有一处细小的青色伤痕，那是煤矿的碳尘常会在工人身上留下的印记。尽管他是一个不知疲倦的行走者，但他不习惯穿着鞋子，因此他总赤足行走在洛林和香槟区的道路上。他是如此粗心且愚笨，以至于我现在回想起来，在战争开始后的最初六周里，我基本是劳而无功的。我持续在一个营地与一个营地之间找寻他，并向他传达他从未理解的命令。但是我不该忘记自己没能让他明白的最后一件事，那便是在 9 月 10 日清晨，他不懂自己的位置不处于全排队列前端这件事。当我们在那天展开行动后，他倒在了战场上。而我不知道他是负伤了，还是牺牲了。

在整个 8 月和 9 月初的几天，D. 始终是我们的开心果。他是一个来自鲍波美（Baupaume）地区的农民，拥有最动听的皮卡尔（Picard）口音。当我们沿着大韦尔讷伊（Grand-Verneuil）和托讷拉隆之间的道路行进时，我们看到了第一批战争伤员。我们注意到他们中的许多人都把手臂吊在胸前，留下一侧空荡荡的袖管来回摆动。D. 认为这些人都惨遭截肢，我们从未能使他相信自己的想法是错误的。他的言谈十分粗鲁，因而能毫无畏惧地接纳来自战友最粗俗的辱骂。只有一句话会激怒他："闭上你的……"他绝对会坚持使用自己所拥有的"这张嘴"（话语权）。我也想"缅怀"一下那些胆小鬼：当我碰巧在 K. 的掩体里撞见他时，他差点朝我啐了口痰以示愤怒；V. 对自己身处战争而倍感痛苦，他在提及自己的时候从来都不会忘记感叹一句"可怜的殉道者"！但我更想记住那些好人：我刚刚得知 P. 的死讯，他是一名肤色苍白的巴黎工人。他拥有无法满足的食欲，但他无法找到自己想吃的所有东西，因而时常感到饥饿。他总会焦躁不安且心烦意乱，还常常阴晴不定。可怜的 G. 是一个矿工工会的干事，他为人活泼且健谈，同时拥有一颗乐善好施的心。此外，T. 也是一名矿工，他没有受过太多教育，却同 G. 一样喜欢喋喋不休。T. 肤色黝黑，表情阴郁，在危险的时刻沉着冷静，同时对德国佬怀有无法遏制的愤恨。他在提起德国佬的时候，总会将他们称为"那些杀手"。谁曾记下在拉格鲁里由我们派出的传令兵所进行的那些不为人知的英雄壮举？我仍能回想起我们的首位传令兵 T.，他是一个来自蓬图瓦兹（Pontoise）且从事体力劳动的士兵。他身材短小精悍却健步如飞，言谈之中充满夸张炫耀之词。他曾快步穿行于林间，四周充斥着敌军的枪炮。当一颗子弹从他近旁飞过时，他便像驱赶身旁扰人的蝇虫那样，做出摆手的姿势。

在所有牺牲于阿尔贡和香槟区的战友中，没有任何人比 F. 更令我怀念。F. 是我们排拆分后，半数士兵（15 班和 16 班）中的一位中士。通常而言，F. 所驻守的那道堑壕不会被人视为要地。他以前在巴士底（Bastille）附近经营一家商铺，贩卖葡萄酒。他没有受过教育，几乎无法拼读。但是，从未有人比他更深刻地使我体悟到一个真正高尚且敏感之灵魂的美丽。他极少使用粗鄙的话语，我也从未听他说过淫词秽语。他的士兵都敬重他仁慈善良的品性，他们也受到这种品质的感染。F. 的沉着勇敢增强了士兵们的信心，因为士兵们知道他既是勇敢的，也是审慎的。如果特别留意生活中的真实细节，就会发现他是那种传说中总能辨明北方的人。我仍记得他从一次危险的巡逻任务中归来时的样子，他以坚定的信念承担起那次任务。在离开的时候，他将钱包交付于我，这着实反映出他泰然自若的心性。他回来时，身上带有一个食品罐头，那是他在防线间地带的废弃包囊里找到的。他致力于使那些他认为出身贫寒的士兵过得舒适些，并与他们分享许多吃食，而这些食物在战地都是无价之宝。他对行伍中的归属感有着崇高的见解，他会在阐明此种归属感时说道："当我还是一个新兵的时候，我们全班的士兵都相处融洽。"毫无疑问，让自己带领的半排士兵"都相处融洽"，就是他主要的期望和最大的努力。当我失去他时，我便失去了一个精神支柱。

在战地生活的几个月里，我时常看到士兵们流露出的恐惧之情。我发觉人们惊恐时的面部表情十分丑陋。诚然，我极少感到恐惧。军人的英勇确实广为流传。但我不认为那种声称"勇气极易获得"的说法是正确的，尽管也有与此相反的看法。公平而言，勇气的获得虽不总是，却也常常是努力的结果。这种努力由一个没有受伤的健康之人做出，并很快成为他的本能。我总注意到，在一些幸运的本能反应下，死神于迫近我们的恐怖时刻停下了步伐：就是这点最终解释了何为勇气。大多数士兵害怕冲锋陷阵，尤其害怕对敌军的炮火做出回应。然而当他们身临其境的时候，他们却不再颤抖。同时，我认为除却最为高尚或聪颖过人的士兵，极少有人会在冲锋陷阵的勇敢时刻想到他的国家。在更多的情况下，他们会受到个体荣誉感的驱使，这种个体荣誉感会被群体的力量强化。如果一支军队多由懒散者组成，那么荣誉的意义就在于它能使军队以尽可能少的代价去应对任何情况。因此，我总认为公开表达对少数懦弱者的深刻厌恶是一个好策略。诚然，本排中的那些懦夫总会激起我的厌恶。

我已经完成了对自己回忆录的整理。我刚刚提及的 T. 在几天前寄了封信给我。由于此信是用铅笔书写的，毫无疑问它的笔迹很快就会消退。因此为了铭记他在信中写下的最后一句话，我决定摘录于此："法国万岁，让胜利来得更快些吧！"（Vive la France, et vivement la Victoire!）

第二部

  大约在两年前的一次疗养休假中，我开始整理自己的大战回忆录。如今，我应当重新开启这项工作。参战时无意间感染的伤寒，使我获得了许多意料之外的闲暇时光。250旅（我当时所属的72团隶于其中）历经了一次非比寻常的冒险之旅。法国对阿尔及利亚（Algeria）当地士兵的征召已经激起一些抗争，尤其是在君士坦丁省。该省总督早已寝食难安，由于担心最糟糕的情况发生，他开始召集军队。当我们被派往阿尔及利亚的时候，我们几乎没能摆脱索姆河（Somme）战役的阴影。在那场激战中，我们蒙受了巨大的损失。阿尔及利亚气候迷人，我们被安顿在极为宁静的冬季营房中。就我而言，在君士坦丁省度过的那段时光是平静的，怡然自得却也有几分空虚。因此，那段日子开始召唤过去的回忆来填补当时的空白。

一

1915 年 7 月 13 日，重返战场

1915 年 6 月 7 日，我的疗养假期已告终结。因此，我在莫尔莱（Morlaix）重新就职于 72 步兵团和 272 步兵团的补给站。我仅在补给站里度过了短暂几日，完全没有心情舒畅的感觉。在那段时间里，我曾写信给一位友人称："我打算辞去补给站的工作，因为我害怕失去斗志，而斗志是我最为珍视的品质。"在这些补给站中，任何人都可以看到一群士兵甚至许多军官，死命地保住自己在后方军镇里枯燥却安全的生活。为了在后方城镇停留尽可能长的时间，他们都表现得精明能干，这虽然算不上什么邪恶行径，但起码也是一些卑劣的把戏。尽管那些行为体面的灵魂，偶尔会在被命运丢进熔炉的时候，显现出惊人的英雄气概，但是他们在本质上仍是怯懦软弱的生灵，对远处危险的预判令他们惊恐万分。暴露在这

种怯懦之中，使一个人自身的勇气得以显现。我重新感到心情舒畅，我要为有益的事业燃烧生命。此外，我从不喜欢等待：如果危险注定要到来，那我选择立刻与之相对。后备部队即将动身前去增援72团，我便签字成了一名志愿者。6月22日，我离开了莫尔莱。我的父母和嫂子过来送别我。我们心照不宣，都想避免过多的情感宣泄。

军用列车的行驶速度十分缓慢。列车走的不是平直的线路，而是沿着蜿蜒曲折的支线缓慢地前行。拥挤在车门处的士兵，歌颂着站长妻子们的美德。从莫尔莱到前线耗费了我们三天四夜的时间。当我试图回忆那似乎无尽绵长的数日时，三至四幅画面浮现于我的脑海中：昂热（Angers）在朝阳的映照下圣洁无瑕，还有哥哥路易一家的热情欢迎。我们沿卢瓦尔河（Loire）河谷行驶了数小时之久，卢瓦尔河水波不兴，两岸满是金黄色的沙滩，杨树、丘陵与平静慵懒的景致全都映入我的眼帘，而我已向眼前的一切道出再见，又或许该说的是永别。在勒克勒佐（Le Creusot），我早早醒来。此地的工厂密集建立于阴郁的山间，工厂的浓烟在天空中画下深灰色的线条。沿着脏乱不堪的街道，工人们急匆匆地赶去做工。他们都戴有军事动员的袖标：其上已然标记了战争的符号。

在蒂耶河畔伊镇（Is-sur-Tille），我们偶然碰见一位个性乖戾的站长。这个身材矮小、怒火中烧的男人，穿着卡其色的制服，总在提及自己最爱说的"前线纪律"时，流露出恶狠狠的神情。事实上，他无情的话语烦扰着途经此站赶赴前线的士兵们，而他自己却从未踏足过战场。因此，他禁止车站的警卫人员给我们的士兵邮寄信件，而士兵们是无法获准离开站台的，他们不能亲手将信件放入邮筒。此事引发了许多小争端，并以逮捕了我们一位反应过激的军官而告终。

巴黎国际广播电台（Cri de Paris）讲述过一位站长的故事。无论正确与否，他始终坚信自己被两名猎兵中尉辱骂，于是记下了他们的名字和所属营队的番号，并发起指控。他的负责人对这一举动表示欢迎，同时要求惩罚两名冒犯者，之后又进一步声称站长之职是费力不讨好的职务，因此避免使站长们受气是十分必要的。然而不幸的是，两名中尉的营队番号被错看或误录了，这个错误自然而然地延迟了诉讼进程。当 M. 上校指挥的第 6 猎兵旅之中啧有烦言，且遭受指控的两名军官最终得到确认时，1916 年 11 月 7 日，由第 6 猎兵旅在圣瓦斯特（St-Vaast）森林发动的进攻已经开始了。M. 上校回复称：此次行动有超过 40 名军官牺牲，其中包括 2 名被误识的中尉。他要求惩罚那名站长，因为他如此粗心大意以至于无法正确识读军服衣领的数字。此外，上校还附上了一份由自己执笔，记述两名中尉英勇作战、为国捐躯的报告，同时补充称：阅读这份文件很难不让那位站长受到激励，并使他由此具有担负极为繁重的站长之职，和克服所有委屈的力量。我可以保证这段轶事的真实性。因为，我是从可靠之处了解到此事的。那时，M. 上校的指挥所在布瓦－艾吉耶（Bois-Aiguille）。我们也驻于附近，并听从他的指挥。我从来不知道那位站长的名字。他是蒂耶河畔伊镇的那位站长吗？我十分喜欢这个联想。如果不是他的话，那应当是他的兄弟吧。

给我们漫长旅途平添乐趣的一件事，是我们所处位置的不确定性，而这与我们的最终目标尚未确定有关。大家知道 72 团已经离开了凡尔登（Verdun），那是他们刚刚结束行动的地方。然而我们接着会在何处发现他们？是阿尔萨斯（Alsace）、阿图瓦（Artois），还是达达尼尔海峡（Dardanelles）？于我而言，我只想多看看这个国家，除此以外别无他求。我已经在阿尔贡度过了四个月的时间。我想有所改变。

6月25日清晨，我在一个车站醒来。运载我们部队的车厢被与之相连的火车头带入并停留在铁路侧线上。早晨空气清爽，天气阴沉。目所能及之处，有一个小车站、一个村庄、一些草甸以及长满大树的环山。那些山丘完全遮蔽了我们周遭的地平线。这怡人的乡村之景，在灰暗的晨光下稍显阴郁。它使我想起自己所知的所有山区景观，尤其是汝拉山（Jura）（又称侏罗山）的风景。就好像我只是乘车出来度假，并在瓦洛布（Vallorbe）下车考察当地的风土人情一样。那是在莱西伊斯莱泰（Les Islettes）；亦是在阿尔贡，我们团重新隶属于第5集团军，驻地也再次被固定下来。这一次，我在那里度过了一年多的时间。

最初，我们被派往贝尔方丹（Bellefontaine），当地设有师一级的补给站。我们在那个迷人的小村庄里度过了一天一夜。在村庄所处的山谷底部，道路终止了。环绕四周的森林孤立了这个村庄，使它看上去就像消失在地球尽头那样。6月26日，我与增援部队的正副军官们，重新加入72团的大部队。我们在后方那处补给站里留下了一些人手。72团中的大部分士兵都驻扎在莱西伊斯莱泰。我们去上校的办公地点报到，每个人都分配到了属于自己的任务。于我而言，我被分

一战后期的马克·布洛赫

配至 4 连。4 连的士兵居住在一处玻璃工厂中，而这处工厂恰恰距离贝尔方丹村庄不远。当天下午，我以连队副官和排长的身份开始履职。

我对莱西伊斯莱泰保有一份愉快的记忆，此次我在那里待了整整五天。后来，正如大家将会看到的那样，我再次返回了那里。任何人都应该能够想象出当地的景象：一个相当大的城镇，干净且舒适，沿着巴黎通向凡尔登的道路延展，坐落在草甸之中，四周林木丛生，它的房屋和谷仓里挤满了士兵。我们很安全。敌人尚未部署远程火炮，那种在凡尔登战役时使用的远程火炮能让他们炸掉车站和整个村庄。我们听到了普通火炮的轰鸣声，但我们并不担心那些炮弹。

马克·布洛赫的手稿就此终结。[1]

---

[1] 由马克·布洛赫现存的手稿可知，这本《战争回忆录》的第一部分有六章内容，而第二部分却仅留有一章内容。

Marc Bloch

Memoirs of War, 1914—1915

Translated by Carole Fink

Ithaca, N.Y. : Cornell University Press, 1980

本书根据以上英译本译出

原书题名：*Souvenirs de guerre, 1914—1915*